数字社会科学丛书编委会

"十四五"时期国家重点出版物出版专项规划项目

魏江

杨洋

邬爱其

陈亮

等著

数字战略

Digital Strategy

ZHEJIANG UNIVERSITY PRESS

浙江大学出版社

图书在版编目（CIP）数据

数字战略 / 魏江等著. — 杭州：浙江大学出版社，
2021.12
ISBN 978-7-308-22160-3

Ⅰ. ①数… Ⅱ. ①魏… Ⅲ. ①信息经济—经济战略—
研究—中国 Ⅳ. ①F492

中国版本图书馆CIP数据核字（2021）第266919号

数字战略

魏　江　杨　洋　邬爱其　陈　亮　等著

策划编辑	张　琛　吴伟伟　陈佩钰
责任编辑	吴伟伟　陈逸行
责任校对	马一萍
封面设计	浙信文化
出版发行	浙江大学出版社
	（杭州市天目山路148号　　邮政编码　310007）
	（网址：http://www.zjupress.com）
排　　版	杭州林智广告有限公司
印　　刷	杭州宏雅印刷有限公司
开　　本	710mm×1000mm　1/16
印　　张	16.25
字　　数	200千
版 印 次	2022年1月第1版　2022年1月第1次印刷
书　　号	ISBN 978-7-308-22160-3
定　　价	79.00元

DIGITAL STRATEGY **序**

随着第四次工业革命和第二次机器革命的融合发展，以"ABCD+5G"为代表的现代信息技术引发了链式突破，正以前所未有的发展速度、辐射广度和改造力度深刻影响着人类社会，加速引领人类进入以数据和计算为驱动力的智能增强时代，助推人类由人与物理世界组成的二元空间迈向人、物理世界、智能机器与数字信息世界组成的四元空间。

基于四元空间场景，数字的渗透不可避免，人类的生活方式、企业的发展形式、社会的运行模式等均将发生改变，突出表现在：首先，**人类智能与机器智能将加快互动融合**，有望产生混合智能甚至具有生物特征的机器智能形态，促进人类社会从主客体之间的单一关系转变为主体系统与客体系统之间的多元关系。其次，**物理世界与数字信息世界将加快互动融合**，数字技术洪流正逐步瓦解传统企业的组织边界、行业边界，加快跨部门的数据共享、流程再造和业务协同，促进生产要素、行业结构和产业生态的变迁和重构，在物理世界、数字信息世界一体构建即时感知、科学决策、主动服务、智能监管的新型治理形态。**最后，人机共生的系统与虚实叠加**

的系统将加快互动融合，人工智能、5G、云计算、大数据等数字技术将实现深度融合，进一步提升智能机器的感知、记忆、推理等功能，形成人机共生的新智能系统和虚实叠加的新交互系统。可以预见，身处智能增强时代，如何积累数字资源、掌握数字能力、实施数字战略将成为企业抢占发展制高点、赢取竞争主动权必须考虑的问题。

企业实施数字战略首先意味着企业要推进创新范式转型，强调从基于传统竞争逻辑的战略框架向基于新型数字逻辑的发展方式转变。从本体论看，创新范式是关于创新知识重组优化、科学理论变革升级等规律的共同认识，如实施数字战略就是要有机整合各类数字资源，以数字技术等知识革新与理论突破赋能企业产品或服务创新。从认识论看，创新范式是关于创新链条衔接、创新任务分配等规则的共同认识，如实施数字战略就是要以数字化方式贯通基础研究、应用研究、产业转化等环节，将数字创新成果融入企业业务迭代与组织发展过程。从方法论看，创新范式是关于研究方法运用、创新步骤革新等规程的共同认识，如实施数字战略就是要在企业研发过程中融合实验观察、数学模型、计算机仿真模拟、大数据挖掘等研究方法，建构新的数字能力与数字生态。

在《数字战略》一书中，浙江大学魏江教授团队基于数字丛林的竞争法则，从"什么是数字战略""数字战略是否重构了战略管理的核心逻辑""如何实现数字战略"等关键问题着手，围绕数字战略逻辑、数字生态竞争战略、数字战略的实现等方面，以海尔、吉利、万向、字节跳动、小红书、拼多多等企业为分析案例，概括凝练了符合中国情境的数字战略理论，为管理者制定数字战略提供了实践指南，为现代企业应对时代治理需求、提升竞争优势、推进生态发展提供了管理方案。

　　"问渠那得清如许？为有源头活水来。"企业驾驭数字技术、实施数字战略将是长期的探索历程与实践过程，无法毕其功于一役。相信本书的出版，可以帮助企业更好地理解数字战略的内涵与外延，让更多企业在创新中谋发展，于变局中开新局，在数字化科技浪潮中勇立时代发展潮头。

　　是为序。

吴晓波

2021.12.24

数字丛林的竞争法则

我们正在进入一个混沌却又清晰的时代,这是一个数字达尔文主义的时代[①],企业们如同闯入一个漫布着二进制符号和"ABCD"[②]技术洪流的原始丛林,在穿越这个丛林的过程中,我们见证到了因数字颠覆而退出历史舞台的公司(例如柯达、百视达),也目睹了利用数字技术悄无声息地改变行业格局的新起之秀(例如亚马逊、爱彼迎、美团、Keep)。而对于在新旧交接时期游刃有余、成功转型的那些在位企业,如迪士尼、联合利华、海尔、施耐德电气,数字创新、数字战略已成为一种基因,流淌在企业血液中,并不断地助力企业获取和维持竞争优势。这或许就是数字达尔文时代的生存法则:要么适应,要么死亡。

① Goodwin T. Digital Darwinism: Survival of the Fittest in the Age of Business Disruption[M]. London: Kogan Page Publishers, 2018.

② A为人工智能(AI),B为区块链(Block-chain),C为云计算(Cloud),D为大数据(Data)。

在这个时代，新的信息搜索方式、支付方式、购买方式层出不穷，技术和社会的发展速度超过了企业能够自然适应的速度，这为新的领导力、新一代商业模式奠定了基础。企业如果想要生存，就不要沉浸在"to be or not to be"的莎士比亚困境中踌躇不决，这个时代抛弃你"从不商量"——或许是因为你一成不变，又或许是因为你变得太慢。在这个时代，以"ABCD+5G"为代表的数字技术洪流正在逐步瓦解组织边界、行业边界，助推生产要素、行业结构和产业生态变迁。在这个时代，数据日益成为全新的战略资源；数字能力则是一种关键的战略能力，成为激活数字矿藏的"金手指"，最大限度地助力数字矿藏开发；企业间竞争的焦点从为客户提供更多差异化价值转移到为客户创造更大的让渡价值①。

数字战略已经成为一个讨论度越来越高的话题。在高级管理人员的头脑中，它越来越成为一个优先考虑的问题，它迫使企业将目光投向他们所知的世界之外，观察事物在外部是如何变化的，并相应地改变内部哲学、模型和系统。那么，我们不禁要问：数字战略到底是什么？管理者们在考虑采用数字战略之前，至少要知道它是什么，为什么它重要，以及他们需要做什么。当然，这个问题，可能问十个不同的专家，你会得到十个不同的答案。在本书，我们试图结合对企业的观察和思考来给出一个我们的回答。

---

① 让渡价值，全称为顾客让渡价值（customer delivered value），是菲利普·科特勒（Philip Kotler）在《营销管理》一书中提出来的，是指企业转移的顾客感受到的实际价值。

数字战略逻辑

数字战略并不是一种全新的看待商业的方式，原有的那些有关成功战略的商业洞见也并没有因为竞争环境的日趋数字化而变得无关紧要。相反，传统的关于企业如何获取竞争优势的理论，仍是数字战略的基础。本书认为，**数字战略是指通过利用数字技术，更优地配置数字资源来创建和实现新的数字能力、打造数字化组织，更好地服务于公司业务组合、业务单元发展和客户需求导向的战略体系**。成功的战略是"道"和"术"的结合。在"道"的层面上，数字战略和传统战略或许并无本质区别，但在"术"的层面上，战略形态确实因为数字技术的加成发生了巨大变迁。因为数字技术的赋能，企业变得更加包容和更具洞察力；因为数字技术的赋能，企业得以发现更多机会、满足更多需求、连接更多行动者。

● **公司层战略变迁**。在数字技术赋能下，交易成本不断下降，组织内部流程不断简化，中间交易机制正在重构，利益相关者间的沟通方式越来越虚拟化，行业和地理边界愈发模糊。公司层战略选择不再是基于如何充分利用和发挥内部资源和能力优势，而是转向如何更好地连接和利用外部资源和能力，去进行业务跨界融合布局。

● **业务层战略变迁**。数字资源的新属性不仅降低了企业对资源的控制程度，也扩大了企业资源获取的范围，改变了企业竞争优势基础的来源。企业间竞争战略从产品竞争升级到了商业模式竞争和生态竞争。竞争战略不再寻求"决一胜负"，而是追求"你好我也好"的共生结局，寻找更多的生长机会和空间。

● **职能层战略变迁。**数字赋能下的企业职能部门界面让人人都可以参与战略的制定和实施。企业研发过程呈现出透明化、个性化的特征，组织架构变得更加网络化、平台化，任务分工和协调越来越数字化，企业的治理主体和治理模式也日渐多元化。

"战术"的制定依赖于三个关键因素得以实现，这三个因素分别是数字资源、数字能力和数字化组织。其中，数字资源是获得竞争优势的基础，数字能力则是企业充分发挥能动性、实现数字资源价值的关键，数字化组织则是支撑数字资源和数字能力价值发挥的核心载体。

● **数字资源：**是将计算机技术、通信技术及多媒体技术相互融合而形成的以数字形式发布、存取、利用的信息资源总和，数字化赋予了数字资源互联、聚合的属性。

● **数字能力：**能够使企业整合数字资产和商业资源，利用数字网络来创新产品、服务和流程，以实现组织学习和客户价值的组织能力，也可以理解为是企业获取、管理和利用数字资源并将其最终转化为竞争优势的能力。

● **数字化组织：**是为适应高度不确定的环境打造出来的灵活的、拥有数字能力的组织架构。具有扁平化、边界模糊化和动态化的特征，是数字资源和数字能力的载体。

数字竞争优势获取：规模经济、范围经济与速度经济

苏洵在《审势》里提道："彼不先审天下之势，而欲应天下之务，难矣。"数字经济时代，要想做好企业，在这百花齐放、百舸争流的时代留有一抹色彩，就需要先将数字经济大变革背后的原理熟稔于心。数字战略"千举万变"，实则与传统战略是"其道一也"。数字经济时代，企业获得竞争优势的三种思路——追求规模经济、范围经济和速度经济，依然适用。但仔细来看，这三种思路的实现路径和特征又发生了革命性变化。

规模经济

规模经济讨论的是生产产品的效率和成本，企业可以通过扩大规模、促进劳动力分工来降低单个产品的生产成本，但受限于物质技术设备、社会经济条件和自然条件等一系列因素，规模经济的实现并非易事，甚至还会出现规模不经济。数字经济时代，数据成为一种新型生产要素，也成为调控其他生产要素的重要媒介，数据的可重用性使得相同数据能以极低的成本反复被使用，且在重用过程中，价值越来越大，这就为企业实现规模经济带来了新的路径。具体来看，数字经济下，企业实现规模经济主要借助以下三条路径。

● 化"数据"为生产力。对生产端数据进行"聚合"，并通过消费端呈现的数据将消费者需求进行分类、整合和标准化，在生产环节进行人、机、货自动匹配，由此改进生产流程、调整员工和机器的任务分配和安排，最终大幅提高企业的生产效率，实现需求端和供给端规模经济。

- **提升平台企业的网络防御力。**平台企业可以通过制定有关规则来提高用户转换成本，防止用户流失和"多栖"；通过提供独特服务和协同多网络等策略来为用户创造更大价值；通过提高用户需求精准匹配、建立用户间信任等方式来提高用户间交互的转换成本，从而建立和维持更强劲的网络效应，促进需求端规模经济。

- **提升非平台企业的网络撬动力。**非平台企业可以通过参与数字平台来利用平台网络效应为自身创造价值；也可以通过数字技术收集消费者数据，或是通过在产品中嵌入数据收集器来进行数据收集，利用数据网络效应来撬动需求端规模经济。

范围经济

范围经济指由企业经验范围扩大而带来的经济，是很多企业采取横向和纵向一体化的理论依据。但由于受到业务相关性限制和多元组织的范围经济效应限制，传统企业的业务边界和组织边界是被高度束缚的。然而，数字技术让一些企业突破组织资源禀赋和运营架构约束，打破了传统的基于产品本身的"业务相关性"约束，同时，又通过数字化转型提升了组织的多元化经营管理能力，最终重新定义了范围经济内涵和实现范围。具体来看，数字经济时代，企业要实现范围经济，主要有以下路径。

- **数字化驱动实现新功能开发。**数字技术本身所具有的数据同质化和可重新编程性，使得企业可以无缝衔接到多种外部服务，并将这些服务过程中收集到的用户数据聚合汇总到集中的数据平台，精准定位潜在需求，发现创新机会，不断开发新功能。同时，通过共享平台和信息技术媒介的方式来建立起产品服务间的相关性以实现开放平台下的范围经济。例如 Keep 就是通过数字化驱动新动能开发，逐渐从一款健身工具发展成为融合软件与硬件，线上与线下，涵盖运动、服装、轻食以及运动周边等业务的独角兽企业。

● **借助用户溢出匹配更多供需关系。**有企业会选择以技术基础架构为依托，占领一个"滩头阵地"后，以核心平台为圆心向外辐射，通过用户溢出，实施向不同行业、产品、服务和功能的包络，不断发展新的子平台，占领新的市场，匹配更多供需关系，最终实现范围经济边界的不断扩大。例如，腾讯依靠微信，以社交为圆心，通过流量溢出不断向外延展辐射，逐步建立起自己的移动金融生态圈。

● **打造产品矩阵建立产品间的相关性。**用户需求是数字平台价值创造活动的重要驱动力，用户数量和用户黏性是企业形成竞争优势的关键，他们会围绕用户需求打造多元化的产品矩阵，实现对更广泛用户群体的覆盖。依托于海量用户、数据资源和职能算法，建立起基于数字技术和用户基础的产品相关性，发挥产品间的协同作用，进一步加强用户锁定，实现范围经济。"今日头条"就是采取这一做法的典型案例。

● **利用社交之力打破地理结界。**企业进入海外市场后只有让自己成为"圈内人"，才能打破东道国竞争对手设下的"护城河"，实现网络的扩张。这种情况下，企业会利用社交平台互动性强、时效性强的优势来帮助它们快速进行信息的传递和获取，将分散的需求进行聚合，开发出适合当地用户的产品，打破地理结界，快速融入国际市场。红遍地球村的快时尚跨境电商希音（Shein）就是善用社交之力的一把好手，借助以脸书（Facebook）、优兔（YouTube）为代表的社交媒体流量红利，通过长视频和 KOL（key opinion leader，关键意见领袖）、KOC（key opinion consumer，关键意见消费者）引流带货，实现本土化的飞速扩张。

速度经济

速度经济指因迅速满足市场需求而带来超额利润的经济，是多元化企业除了范围经济外的另一大优势来源。数字经济时代，消费者的需求呈现日益多样化和多维度的趋势；供给端的创新研发呈现出专业化和分散化趋势。这些变化使得速度经济的意义更加凸显，能够帮助企业快速满足市场需求、区别于竞争者、建立比较优势。数字经济时代的另一个特征就是模块化架构在越来越多的领域得到应用，原本复杂的系统被拆分成一个个独立又高度黏合的模块，不仅简化了问题，提升了专业化程度，还不断激发出更多模块间的创新组合，这些都有利于速度经济的实现。具体来看，数字经济时代速度经济主要通过以下两种方式呈现。

● **通过各功能单元自身的模块化提升响应速度。**部分企业通过创新、营销和生产这些功能单位的模块化和功能延展，从而实现速度经济。如通过营销模块化和生产模块化的结合，帮助企业提高对市场快速响应能力。企业衣邦人赋能合作商——庄吉服饰，通过智能车间引入实现生产模块化，把车间生产效率提升了 5 倍。

● **通过各模块间的协同组合帮助实现快速迭代和反应。**模块之间如何配合以发挥最大功用同样对快速提供有竞争力的新颖产品并满足市场需求有所裨益。模块间协同的作用主要有二：一是帮助企业实现低成本快速迭代，二是帮助企业对新技术进行快速反应。例如，PlayStation（PS）为像 EA SPORTS（艺电旗下制造研发体育电子游戏的品牌）这样的互补企业提供了低成本迭代创新场所，通过模块协同使得 FIFA 等游戏的开发成本大大降低，开发周期大大缩短。

数字生态竞争战略

数字经济时代的竞争已超越产品、企业层面的竞争，更多的是在生态维度上的纵横捭阖。为了适应新的游戏规则来创造并维持竞争优势地位，很多企业开始打破单打独斗的思维，推倒组织边界，将自己整合进一个与自己拥有共同价值主张的数字生态系统中，通过与系统内其他参与者的交互来为用户创造更多价值，或是干脆驭势而上，自己打造平台化产品。数字生态系统正在从根本上改变企业的竞争方式。当然，严格来说，生态竞争也不能被称为竞争，更多的是既相互依存、相互促进，又相互竞合共生的关系。在生态竞争中，没有直接的竞争，没有固定的竞争战场，没有永恒的竞争对手，只有不断涌现的价值机会和不断更新的生存空间。

生态内的竞争

数字生态系统中的"种群"可以划分为系统缔造者和系统参与者两大类。缔造者是提供底层数字基础架构及其相关服务，并履行系统的维护与治理职能的焦点企业，构筑了支撑系统不断演化、不断扩张的底层技术根基和上层制度大厦。参与者是利用缔造者所提供的数字基础设施开展互补式创新的企业，通过整合生态系统中的数字资源，实现自身的能力提升和价值创造。

- **系统缔造者的退与进。**系统缔造者面临创造公共利益和获取私人利益的冲突。为了确保生态系统的繁荣和成长，系统缔造者除了对参与者行为进行基于制度的治理来提高系统整体的价值输出能力外，除了收取租金外，系统缔造者还需要通过对生态环境进行扫描，识别出潜在威胁者，并采取相应行动，或是"亲自下场"，直接进入互补品市场与参与者展开竞争。

- **系统参与者的和与争。**系统参与者为了整个生态系统的有序运转而相互合作，助力系统扩张形成包容性的协同创新网络，甚至将内部核心资源开源，为"生态繁荣"、共创价值贡献力量。由于资源始终处于相对有限的状态，参与者间的竞争依旧无可避免，因此它们还要为自身的生存与发展而相互竞争，充分发挥各自对数字资源的配置能力来吸引用户注意力、瓜分价值。

生态间的竞争

数字经济时代，企业间一对一的竞争和较量逐渐让位于企业群组间的对垒和交锋，最为典型的便是生态系统间的竞争。一个生态系统的发展可以划分为三个阶段：构建阶段、成功阶段和稳定阶段。每一个阶段，生态间的竞争重点和竞争逻辑都会有所差异。

- **构建阶段：打破在位生态壁垒。**这一阶段的重点在于打破在位生态系统的壁垒，将自己整合进一个生态系统。一般来看有两种方式：焦点企业主要会通过释放生态价值信号和降低参与者进入壁垒的策略来构建自己的生态；或是通过蚕食在位生态系统的空间、直接参与其他生态系统的方式来进入一个生态以获取竞争优势。

- **成长阶段：兼顾效率与规模。**这一阶段，生态间竞争的重点就是要兼顾规模和效率，通过进一步吸引潜在参与者、设计可行的生态架构以及精准赋能参与者的方式将生态系统尽可能地做大做强。

- **稳定阶段：激发生态创新。**当生态系统已经实现了规模优势，进入了"守业"阶段时，生态间竞争的重点就是如何让已有的生态"焕发新生"。为了更好地激发生态系统的创新，就需要积极培育生态内的信任、建立起一套标准化的知识编码体系，同时树立起生态主的权威来保证生态持续发展的动能和后劲。

数字战略的实现

数字化快、广、变的特点使得企业更易组成不同类型的合作生态并快速演进，企业构建实施数字战略，要解决基本的战略问题，就需要在职能层面开始落实数字战略思维，将数字战略思想转化为具体的职能行动。当然，数字战略意味着让整个企业拥抱数字化思维，数字战略并不只是数字部门的工作，也是核心关键的研发职能机构面临的挑战。最后，无论是数字生态打造战略还是企业内部数字化转型战略，数字领导力的作用都是不容忽视的，数字颠覆的特殊需求需要领导者做出变化并发展新技能以带领企业更好地发展。因此，如何更好地落实数字化研发、搭建数字化架构、构建数字化领导力是数字战略落地和实施的关键。

数字化研发

数字化研发区别于传统研发的三个重要特征是：研发环节越来越透明、研发边界越来越模糊、衍生创新不断迸发。为此，数字化研发的组织呈现出柔性化、网络化的特征，以及项目式、联合式、"混沌式"三种组织形式。在这些组织形式的支持下，企业连接多主体共同研发，整合优势资源，完善业务配置，优化管理模式，最终增强企业的竞争优势。

- **项目式网络研发组织**：指研发组织网络多用具有相同或相似背景的人参与，背景和语言体系的相似性使得他们能够很好协作并且克服空间和时间的限制进行创新的价值创造活动。
- **联合式网络研发组织**：由异质的参与者和行动者构成，参与者一般都来自企业内部。联合式研发网络的组织成员通常具有多学科的背景，但接受共同的治理，不同的知识背景在有效的协同和治理下进行碰撞和交叉，能更好地提高创新效率。
- **"混沌式"网络研发组织**：由多个异质的、动态的行动者组成，这些行动者可以来自企业的内部，也可以来自企业外部。组织成员和知识的高度异质性可以提供更多新的创意来源，更好地涌现创新机会。

数字化架构

为了使组织边界更具渗透性，管理者必须调整或改变以前的竞争战略和组织形式，在瞬息万变的商业环境中抓住机遇，快速响应客户需求，进而，企业组织架构开始呈现出整体扁平化、内部决策权分散化和边界模糊网络生态化的特征。根据对现实的观察和归纳总结，数字化的组织架构主要有以下四种常见类型。

● **战术型组织架构**：指企业仅在部分组织单元有针对性地使用数字技术，以高效的工作方式来实现目标。该模式下只有少数业务单元员工会接触到数字化工具，该模式由布局数字化机构落地，使得这类组织架构在浙江的数字化市场的组织中极为常见。

● **支撑型组织架构**：是指企业设立专门的数字化部门或平台来支撑发展其他业务单元。该类数字化架构很适合需要快速推出并迭代创新技术、产品和工作方式的组织。

● **通用型组织架构**：通用型组织架构下，数字技术主要被用于所有部门间的信息沟通共享和知识分享。这种模式在数字化转型战略已到位的企业中比较常见。

● **常态型组织架构**：在常态型模式中，数字技术深度嵌入在每一业务单元和日常业务活动中，是在通用型基础上更进一步数字化后的形态，该模式常见于"天生数字化"企业。

数字化领导力

数字化极大地改变了企业的游戏规则。越来越多的企业努力开发新的数字能力、利用新的数字资源，组织文化、战略制定过程和人才管理工作都发生了重大变革。数字化领导力在这些变革过程中发挥了总舵手的作用，强有力的数字化领导力能够适应颠覆性时代的要求，帮助企业实现数字化转型的破局。

具体来看，数字化领导力又可以分为两个层面的领导力。一是个体层面的领导力，对于企业来讲，就是企业管理者和领导者如何带领企业进行数字化转型、利用数字资源和数字资产实现企业成长和组织变革的领导力。二是组织层面的领导力，即组织作为一个整体，尤其是作为数字生态中的关键参与者，对生态内的其他组织的影响和协同的能力。

● **数字化领导力与组织变革**：数字化领导力要求领导者具备新的思维方式、行为模式和新的技能与体验，能够适应 VUCA[①] 时代的要求，推动数字化变革向前发展。数字化领导的实现，不再依赖于传统的指挥和控制模式，而是通过连接、协作、赋能来激活组织中的各个行动者，充分调动数字化人才和那些拥有碎片化数字知识的员工朝着共同的价值主张和目标前进。具体而言，数字化领导力主要通过数字思维和变革愿景的建立、数字创新文化的培育、数字化团队的打造、数字化赋能的构建这四个方面来助力组织进行数字化转型和变革。

---

① VUCA是volatility（易变性）、uncertainty（不确定性）、complexity（复杂性）、ambiguity（模糊性）的缩写。

● **数字化领导力与生态治理**：数字经济时代的竞争已经从原先的企业单体之间竞争升维到了生态之间的竞争，因此，当我们讨论数字化领导力时，应该从更广的视角来讨论，尤其是生态中的焦点企业，如何发挥数字化领导力的作用，推动生态更好、更健康地演化和成长。当前，数字生态的治理面临着治理边界模糊、生态负向演化、多元主体价值共创和共享难题，以及焦点企业因具有"裁判员"和"运动员"的双重身份而在治理过程中面临的公平公正问题。为了更好地应对这些治理的新需求，数字化领导力的发挥需要借助多元治理主体和数字化治理工具的力量，形成多种治理机制融合的网络治理关系，打造柔性且有效的领导力。

本书内容架构

数字技术的快速发展正在重塑宏观环境、行业环境，数字生态系统之间的竞争成为数字经济时代企业战略的核心焦点。数字战略是否重构了战略管理的核心逻辑？数字战略内容体系如何？数字战略如何实现？围绕这三个问题，本著作试图构建数字战略的核心框架，搭建数字战略的研究内容体系，推动中国数字战略研究进一步发展。具体而言，内容包括：

● **第一篇 数字战略逻辑**，包括第1—3章。开篇厘清数字战略的核心理论逻辑：企业战略的本质是否发生根本性变化？数字经济时代，企业的核心竞争优势来源到底是什么？具体而言，数字经济时代，企业所面临的内外部环境究竟发生了哪些变化？这些变化对数字战略的本质和形态又产生了什么影响？数字经济时代的企业该如何获取竞争优势？第1—3章分别围绕上述问题，层层深入地揭示数字战略的本质，为企业在数字经济时代更好地获取、维持和提升竞争优势提供具体思路。

● 第二篇 规模经济、范围经济与速度经济，包括第4—6章。本篇探究了"范围经济、规模经济与速度经济"这三个竞争优势获取思路在数字经济时代的新特征和实现路径背后的核心逻辑，并结合多个企业实践案例总结提出了数字经济时代企业实现上述三类经济的新路径和新方式。

● 第三篇 数字生态竞争战略，包括第7—8章。这一篇聚焦于数字世界的全新游戏规则——生态竞争——展开。到底什么是生态战略？什么是生态竞争？不同企业如何采用生态战略来竞争？数字生态系统中的不同企业又是如何维持竞争优势的？围绕这些问题，第7—8章分别从生态内的竞合、生态间的竞争这两个方面详细讨论了数字生态竞争战略。

● 第四篇 数字战略的实现，包括第9—11章。本书第9—10章分别从数字化研发、数字化架构方面探究了企业的数字化研发如何推进以及数字化组织架构如何变革。第11章从数字化领导力出发，从个体层面讨论了企业管理者如何带领企业进行数字化转型、利用数字资源和数字资产实现企业成长和组织变革；从组织层面讨论了企业作为数字生态系统的领导者时，如何借用数字化的工具来应对数字生态治理提出的新需求，从而推进整个生态更好地演化和成长。

以上就是本书的内容安排，期待读者和我们一起走进数字丛林，探索数字战略的奥妙！

本书是国家自然科学基金重点项目（编号：71732008）的成果。在本书写作过程中，我们尝试跳出"严谨而又晦涩"的学术行文风格，希望通过生动活泼的案例加上系统化的解说来带领读者探索数字战略的本质，领略数字战略的奥秘。魏江负责本书的总体设计、指导等统稿工作，以及前言的执笔。魏江、杨洋、邬爱其、陈亮负责本书各章的修改工作。杨洋负责本书撰写的具体协调工作。初稿的撰写分工如下：第1章由魏江、苏钟海、陈亮、杨洋执笔；第2章由魏江、刘嘉玲、陈亮、杨洋执笔；第3章由应震洲、刘洋执笔；第4章由邬爱其、刘一蕙执笔；第5章由魏江、杨佳铭、杨洋执笔；第6章由邬爱其、宋迪执笔；第7章由魏江、陈光沛、杨洋执笔；第8章由魏江、左岩、杨洋执笔；第9章由董久钰、刘洋执笔；第10章由魏江、杨升曦、杨洋执笔；第11章由魏江、郑杰、夏敏、杨洋执笔。

魏　江

2021年初冬于启真湖畔

DIGITAL STRATEGY **目 录**

数字战略逻辑

第 1 章

战略环境变迁

前三次工业革命为人类创造了新的文明、财富、交通工具和互联互通方式，实现了生产工具的革命性变革，赋予人类更高层次驾驭资源的能力，人类生存和生活方式彻底得以改变。数字经济时代的到来又一次对整个人类社会和商业世界进行了颠覆性重塑。近 20 年来，以"ABCD ＋ 5G"为代表的新兴技术出现，不断打破传统的信息藩篱，推动了信息开放和共享，科技创新、商业模式创新和组织形态创新正在改变整个商业文明。千百万企业被绑架在高速运转的数字战车上，晕头转向，不知所措，而振臂一呼的数字英雄们正在创造新的历史：新的组织模式、新的竞争模式、新的治理模式。

或许，在世界经济发展史上，作为最活跃、最革命的经济组织的企业，从来没有在哪个时代像今天这般面临不确定性。这个时候，越来越多的企业发现：没有战略智慧，自己是如何"死"的都不知道。越来越多的企业发现：没有数字思维，转眼就可能被淘汰在数字洪流中。

战略是回答企业从"哪里来""到哪里去""怎么去"三个基本问题的学问，要回答好三个问题，就必须弄清楚"我是谁""我在哪里"的基本认识论问题。数字经济时代让我们晕头转向，在高速变化的今天，我们被眼花缭乱、层出不穷的技术、环境和模式搞得认知迷失。所以，企业要时刻保持头脑清醒，弄清楚所面临的内部环境和外部环境究竟发生了哪些变化、是如何变化的，以及这种环境变化要求我们在行为上如何前瞻谋划、如何积极响应。为了回答这些基本问题，我们认识到有写这部书的必要。

开篇第 1 章，我们从讨论数据作为一种新兴生产要素和战略资源出发，探索以"ABCD + 5G"为代表的数字技术洪流如何助推行业结构和产业生态变迁和重构，从技术会聚、组织跨界和产业融合的迷雾中探寻出企业在数字经济时代的战略选择和实施，从而梳理出内外部环境变化给企业战略带来的颠覆性挑战和机遇，以揭示实施数字战略的必要性和重要性（见图 1-1）。

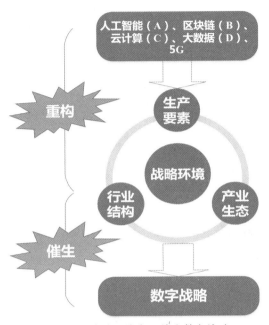

图 1-1　战略环境变迁催生数字战略

生产要素变迁

苏醒的宝藏：数据成为一种新兴战略资源

从结绳计数、凿壁为文开始，数据一直在人类生产生活和文明发展进程中发挥着不容忽视的作用。20 世纪计算机的发明和应用又让数字展现出了不一样的魅力，数字不再仅仅是一种量的概念，还成为一种信息储存方式，并由此赋予了人类更强大的信息搜索、聚合、处理和传输的能力。进入当下所谓的数字经济时代，传统基本生产要素的生产配置趋向均衡，要素增量接近瓶颈，生产力的进一步发展要求转换经济发展的新动能。同时，数字技术和经济社会的交汇融合引发了数据迅猛增长，数字化基础设施的不断完善和高浓度渗透，使得数据之于一个国家、一个产业、一个企业的影响愈发明显，且从未如此深刻。

数字经济已经成为全球经济增长的重要引擎，数字经济规模和数据体量超乎想象。据中国信通院数据，2019 年全球数字经济规模达 31.8 万亿美元，占 GDP 比重为 41.5%①。根据 IDC 研究预测，到 2025 年，全球数据圈将扩展至 163ZB②，相当于 2016 年所产生数据的 10 倍③。

随着数据体量和重要性的不断增长，2016 年德国发布了《数字化战略2025》报告④，明确将数字化转型作为国家政策和经济优先领域后，英国、中国、美国等多个国家相继推出数字发展战略⑤，旨在更好地利用数据推动产业、社会发展。我国于 2020 年 3 月出台了《关于构建更加完善的要素市场化配置体制机制的意见》，为进一步发挥数据对经济增长的重要作用提供政策支持，明确将数据归入基本生产要素范畴，并就政府数据开放共享、社会数据资源价值提升、数字资源整合、安全保护等做出明确规定。这意味着数据被视为新兴战略资源，与土地、劳动力、资本等在经济运行中享

---

① 中国信通院. 2020年全球数字经济新图景[EB/OL]. (2020-10-21) [2021-02-10]. www.199it. com/archives/1135265.html.

② ZB：数据存储单位，1ZB等于1万亿GB。

③ IDC. Data Age 2025: The Evolution of Data to Life-Critical [EB/OL]. (2018-4-4)[2021-02-19]. https://www.import.io/wp-content/uploads/2017/04/Seagate-WP-DataAge2025-March-2017. pdf.

④ 中国国际商会. 德国《数字化战略2025》全文（中文版）[EB/OL]. (2016-06-15)[2021-02-03]. http://www.ccpit.org/Contents/Channel_3466/2016/0615/658223/content_658223.htm.

⑤ 2018年12月，我国首次提出"新基建"概念，核心内容涵盖工业互联网、5G基站、大数据中心、人工智能等。2020年9月，英国DCMS发布《国家数据战略》报告，聚焦如何利用现有优势促进企业、政府、民间社会和个人更好地利用数据。同月，新美国安全中心发布《设计美国数字发展战略》报告，旨在构建国家安全、外交政策等数字战略框架，制定数据技术的标准以及进行人才培养与招募等。

有同等重要的制度地位（后续第 2 章、第 3 章会对数据作为一种关键生产要素和战略资源的特点展开阐述）。

点石成金：数字能力成为重要的战略能力

全球创新格局正在重塑。随着全球创新的中心地带从欧洲和美国转移到亚洲，中国作为中等收入经济体中唯一进入"全球创新指数"前 30 的国家[①]，置身数据体量日益庞大、数据重要性日趋提高的时代。数据价值释放的数字创新成为我国经济发展新动能。据统计，2019 年中国数字经济规模为 5.54 万亿美元，占 GDP 的比重为 36.2%[②]。

同时，数字能力成为企业获取竞争优势的战略能力。数据时代的数据量和数据重要性奠定了其对生产经营和社会活动的不可或缺性。尽管数据资源体量庞大，然而能够为我们所用且具有颠覆性潜力的关键数据仅占到总量的 20%，超关键数据占比也只接近 10%[③]。换言之，即便知道沉睡的数据背后潜藏着巨大价值，但现实中不得不面对数据与数据价值之间的巨大沟壑。数字能力便是这"点石成金"、帮助企业获取竞争优势的关键战略能力。

本书将数字能力定义为能够使企业整合数字资产和商业资源，利用数字网络来创新产品、服务和流程，以实现组织学习和客户价值的组织能

---

① 世界知识产权组织. 2019年《世界知识产权报告》[EB/OL].(2020−01−21)[2020−12−23]. https://www.wipo.int/wipr/zh/2019/.

② 网易智企. 企业数字化升级之路：百家企业数字化转型发展分析报告[EB/OL]. (2020−11−28)[2021−02−10]. https://reurl.cc/Y6A940.

③ IDC. Data Age 2025: The Evolution of Data to Life−Critical [EB/OL]. (2018−4−4)[2021−02−19]. https://www.import.io/wp−content/uploads/2017/04/Seagate−WP−DataAge2025−March−2017.pdf.

力[①]。只有拥有数字能力，企业才能更成功地开发、管理内外部数字资源，更好地抓住数字经济时代的机遇，充分实现数字革命带来的红利，并最终从数字转型中获得竞争优势（详见第 3 章"构建数字能力"部分内容）。因此，企业构建并提升数字化能力的高低便关乎数据价值释放的成败，进而关乎国家经济能否顺利切换到新发展模式，实现经济的高质量发展。

当然，企业数字能力的构建并非易事，横亘在前的是莫大的挑战，但也无须害怕，数字战略将定于此，道虽远，行之将至！

行业结构变迁

数据突破行业边界

数字技术发展正在悄无声息地瓦解企业组织边界、行业边界，最终塑造出基于顾客价值创造的产业生态系统。

首先，数字经济时代正在挑战传统企业战略分析对行业结构的基本假设。传统行业竞争结构分析隐含两个重要的前提：一是行业边界是可被清晰划分出来的；二是行业竞争结构在某一特定时期内是稳定的。显然，在动荡、模糊、不确定、易变的商业体系中，这两个假设已悄然瓦解，行业边界的突破，使得企业所处的行业结构不断被突破，企业经营活动可以轻松、高效地跨越人为划分的物理边界和概念边界，使不同地域空间和虚拟空间的资源得以快速、高效整合（详见第 5 章、第 6 章内容）。

---

① Annarelli A, Battistella C, Nonino F, et al. Literature review on digitalization capabilities: Co-cita-tion analysis of antecedents, conceptualization and consequences[J]. Technological Forecasting and Social Change, 2021, 166(3):120635.

其次，数字资源和数字技术赋能正在挑战传统的企业价值创造模式。按照战略学家迈克尔·波特（Michael Porter）提出的价值链分析法，企业价值创造来自边界内部从采购、研发到销售的基本活动，与财务管理、人力资源等辅助活动的组合。数字经济时代整个价值链被打开，企业的基本价值活动和辅助价值活动边界逐渐消除，企业难以界定所处的价值链边界，成为价值共创的无边界共生体。

最后，在数字经济时代，行业这个概念将日渐式微，逐渐被产业生态系统所取代。行业跨边界融合形成产业生态系统，产业生态系统中各类企业聚焦顾客价值共创，企业追求的不再是自身的竞争优势，取而代之的是以价值共创共享为终极追求的共生竞合关系（详见第 7 章、第 8 章内容）。例如，传统车企将自己的价值主张从制造汽车转变为开发无人驾驶技术和算法，汽车成为平台，成千上万参与者围绕平台企业，形成共同分享系统的价值创新模式。

数据转移竞争焦点

数据及数字技术嵌入企业经营活动后，企业越来越偏向需求主导逻辑，企业相互间的竞争焦点从效率竞争转向顾客让渡价值竞争。

为了获取竞争优势，企业一般会选择通过成本领先战略或是差异化战略或是二者兼顾，以更高的效率、更好的效果为用户提供更高的价值。在过去，由于高额的企业客户交互成本，绝大部分客户缺乏必要的交互渠道、沟通工具，无法高效地参与到企业价值创造活动中。大多企业由于难以为顾客提供差异化价值，只能通过降低生产成本来创造额外价值，企业间竞争自然也就体现在对生产要素使用效率的竞争上。但是现在随着要素市场越来越规范化，要素流转需求趋向均衡，人工成本不断上升，仅仅靠低成本价值创造逻辑无法持续。

进入数字经济时代后，数字技术嵌入使得企业有最大可能让尽可能多的顾客参与产品研发设计、生产和交易全过程，企业成为产品和服务全生命周期的参与者，此时，竞争焦点就是看谁能为客户创造更大的让渡价值。首先，企业可以通过更新价值主张来抢占顾客稀缺的注意力和时间，让他们主动拥护这种价值主张，提升他们感知到的产品总价值。例如一些LED灯泡制造公司，通过在LED灯泡中增加Wi-Fi、音响、监控等模块，将普通的照明产品变成集语音控制、家庭娱乐和家居安全于一体的云端交互产品，为用户提供了更加新颖、更加多元的价值。其次，企业可以利用数字技术（如模块化定制App、社交网络等）将用户吸纳进产品开发和服务创新的各个环节中，通过不断交互、实时信息反馈和迭代，赋能用户更好地表达个性化需求，更精准地满足用户需求、提升用户价值。并且，借助数字化技术、工具、模式，企业还能够在满足用户个性化需求的基础上，实现规模化定制服务（详见第4章内容）。最后，数字经济时代的企业还可以满足用户在合理价格范围内享受最前沿产品功能的需求。一切成功的企业可以通过在自身所处的价值链和生态链中识别出最佳资源，并利用数字化技术将其整合起来，提升自己产品的生态价值，使顾客获取除产品本身价值外的更多价值，从而更好地吸引和留存用户，获得更持续的竞争优势。

产业生态变迁

产业分工走向产业融合

数字技术赋能企业业务跨产业边界延伸，使其突破传统产业的边界桎梏，数字技术的嵌入从企业和产业两个层面推进了产业生态系统的形成。在企业层面，数字技术嵌入使得企业经营可以跨越同一产业或者不同产业内的企业边界，进行创意、知识、技能、资源整合，实现顾客价值创造。在产业层面，数字技术的嵌入还可以提高企业的链接、智能和分析水平，实现不同产业间的相互渗透、交叉和重组，最终走向融合。

由于产业融合和边界消除，要重新定义相关产业、无关产业已经不太可能。跨产业融合发展使产业生态成为企业战略分析的新产业环境，隶属同一产业生态的企业紧紧围绕顾客价值创造而存在。一个产业生态回应顾客的一类情境需求，同一情境下的顾客需求具有共同的、可复用的价值基础。某一类特定顾客价值实现过程包含了多条价值链的协同，价值链间通过价值传递、价值转化、价值整合形成价值网。在新价值网络中，传统企业规模效应和范围效应是否有效、是否增添了新的内涵，抑或是否有新的效应涌现，都是亟须解答的问题。

数字化赋能产业新生态

首先，数字化赋能催生了新的产业生态。新的产业生态，其第一要素就是"跨界融合"，在数字技术的赋能下实现各类要素和资源在不同的边界间自由流动和共享，企业通过聚合各类数据来融合更多需求，推动组织跨界和产业融合，让传统的产业、组织、部门、产品边界变得模糊且不重要。其次，赋能全新的价值主张和价值创造模式。数字技术的发展孕育了新的需求，企业基于丰富多样的数字化工具和手段挖掘终端消费者潜在的需求，通过后台数字技术实时赋能供应商，大大缩短供应链，使其扁平化、生态化。甚至可以引导普通消费者主动成为生产内容、提供反馈、传播声誉、刺激消费的"合作"伙伴，形成生产消费的新生态，推动传统业态转型升级。例如，字节跳动公司构建了基于新闻资讯、短视频、音乐、游戏等的完整的新社交生态，阿里巴巴公司构建了基于电子支付系统的新互联网金融生态，滴滴公司构建了基于出行信息在线化的共享出行新生态。这些新的产业生态因数据及数字技术嵌入而与传统产业生态存在明显差异，如资源独占性、资源整合范围、能力重要性等方面的差异。这些差异为企业战略定位和取舍提供了新的选择，当然也为企业战略配称提供了新的工具和新的手段。

再回到我们开篇提到的，企业战略自始至终都在回答企业经营活动如何与环境进行良好协同的问题。日新月异的数字技术和快速变化的战略环境都在催生数字战略。数字战略到底是什么？其和传统战略有何区别？我们将在第 2 章为大家解读。

第 2 章

数字战略的本质

正如我们在第 1 章所说的，数字经济时代，传统的战略角力、你死我活已是过眼烟云。那么，新时代的战略到底是什么？笔者在《数字创新》一书中提出对三个问题的思考：数字资源是否改变了战略的本质？数字资源如何改变战略形态？如何去管理战略数字资源？笔者期望通过对这三个问题的讨论，能够让读者对数字创新有更深入的思考和更清晰的认识。本章将在这三个问题的基础上，对"不变的战略本质""变化的战略形态"以及"数字战略与传统战略的关系"等三个问题进行系统讨论，从公司层、业务层和职能层来阐述企业数字战略的内涵和形态，以期为后续三篇提供一个总揽全局的框架（见图 2-1）。

具体地，我们首先从波特提出的定位、取舍和配称这三个方面来剖析数字经济时代的战略本质，提出数字经济时代战略的本质并未改变，依然是通过创造差异性来维持竞争优势。在此基础上，我们进一步提出，尽管战略本质未发生改变，但事实上由于数据要素本身的非竞争性、使能性和生产消费统一性这三个特征，无论是公司层、职能层还是业务层的具体战略形态都发生了一定的变化（我们将在后续章节具体展开）。由此，我们提出，数字战略和传统战略的关系，其实就是道无异，术不同，万变不离其宗。

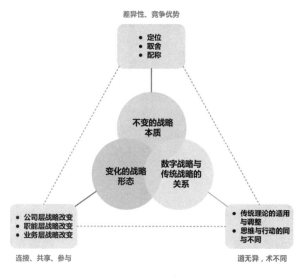

图 2-1   战略本质

不变的战略本质

战略是指企业试图创造和获取价值的一系列相互依赖的活动，致力于回答两个问题：如何制胜以及在哪里制胜？波特认为可以从以下三个方面理解战略的本质 [1]。

首先，战略是创造一种独特的、有利的定位。竞争战略就是创造差异

---

[1]   Porter M E. What is strategy? [J]. Harvard Business Review, 1996, 74(6):61-78.

性，即有目的地选择一整套不同的运营活动以创造一种独特的价值组合。战略定位的实质就是选择与竞争对手不同的运营活动。按照波特在《什么是战略？》一文中的分类，战略定位的方式有以下三种：基于产品和服务种类的选择进行定位、基于客户需求进行定位和基于客户接触途径进行定位。

其次，战略是在竞争中做出取舍。在竞争中做出取舍，实际上就是在各种运营活动互不兼容时，选择不做哪些事情。企业常常会因为以下三种原因做出取舍：企业形象或名誉方面的前后不一致、运营活动本身的不同以及内部协调管理的限制。

最后，战略是在企业各项运营活动中建立一种配称。战略能取得成功，依靠的不仅仅是做好几件事情，而是做好每一件事情，对各项活动统筹兼顾，在企业各项运营活动中建立一种配称。战略配称包括三个层面：第一层面是保持各运营活动或职能部门与总体战略之间的简单一致性；第二层面是各项活动之间的相互加强；第三层面则已超越了各项活动之间的相互加强，波特把它称为"投入最优化"。

那么，数字经济时代企业战略的本质是否发生了变化？我们认为没有发生变化！企业战略的本质是独特性，是与众不同的产品和服务价值。在日新月异、风云变幻的数字经济时代，电子商务也好，人工智能也罢，都只是各个同行企业都可以学习和使用的经营效率工具，它们不能直接给企业带来战略优势，只能带来整体战略里的运营效益。比如，人工智能等数字技术所依赖的数字资源，就和人力资源、组织资源、社会资源一样，是一种新兴的战略资源。作为一种资源形态，数字技术本身并不改变战略的

本质 ①，数字经济时代的竞争战略依然是创造差异性（见案例聚焦 2-1）。

案例聚焦 2-1 💡

抖音逆袭快手

抖音逆袭快手，靠的就是传统的差异化战略。作为短视频市场元老级别的存在，快手一直在资源和用户群体方面占据绝对优势。2014 年起，短视频市场开始火爆，西瓜、美拍、秒拍等短视频平台纷纷涌入，却依然没有撼动快手的霸主地位。或许正是由于这份底气的存在，自 2011 年以来，快手的产品形态基本没有变化，界面十分简洁，首页只有"关注""同城"和"发现"等三个标签，没有视频分类，也没有对视频内容的详细介绍。甚至"去标签化"成为快手与其他短视频平台最大的不同。抖音则瞄准一、二线城市年轻用户群体的需求设计产品，通过与快手在用户定位上的区分（见表 2-1），成功实现逆袭。并且，与快手主张平等地记录每个人的生活不同，抖音主要通过培养 KOL 及与明星网红捆绑签约等疯狂贴标签行为来吸引大量年轻用户。

表 2-1　抖音与快手的差异

比较维度	抖音	快手
产品标语	记录美好生活	记录世界 记录你
产品定位	专注年轻人音乐短视频社区平台，帮用户打造刷爆朋友圈的模型短视频	记录和分享大家真实生活的平台
用户主要分布区域	广东、江苏、浙江等南方地区	山东、河北、河南等北方地区

---

① 魏江. 冷静，别被大数据忽悠了！[EB/OL]. (2018-12-02)[2021-02-02]. https://www.mbachina.com/html/zju/201812/174331.html.

续表

比较维度	抖音	快手
视频展示方式	沉浸式体验	瀑布流展示

资料来源：拓天速贷 . 抖音逆袭快手，差异化战略的胜利？[EB/OL]. (2018-03-14) [2021-02-02]. https://www.sohu.com/a/225546160_417694；人人都是产品经理 . 抖音 VS 快手，有何异同？[EB/OL].(2020-05-08) [2021-02-02]. https://www.sohu.com/a/393775294_114819.

变化的战略形态

那么，数字资源到底改变了什么呢？我们认为是改变了企业的战略形态。进一步，数字资源如何改变企业的战略形态呢？本节以底层数字技术应用后，数据作为关键生产要素而产生的网络效应、迭代创新、零边际成本和规模收益递增等四大特性（见图 2-2），来阐述数字对企业战略的改变。

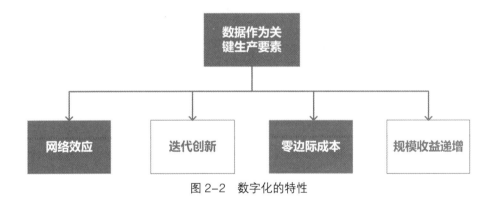

图 2-2　数字化的特性

数字化的特点

数据是一种关键的生产要素和一种新兴的战略资源。根据技术—经济范式理论，一种要素需要具备三个条件才能被界定为关键生产要素：一是生产成本迅速下降；二是大规模且无限量供给；三是应用前景的普及性[①]。对应这三大条件，可以发现数据要素已经成为数字经济时代典型的关键生产要素。首先，相较于传统的土地、劳动力等生产要素，数据要素具备的可复制、易传播等特点，以及较高的流动性和可获得性，使得其相对成本下降。其次，数据要素供给量现已呈指数级增长。最后，数据要素的可供性（affordance）和自生长性使其快速渗透到各行各业（详见第 3 章"聚焦数字资源"部分内容），具有非常广泛的应用前景。

进一步，数据作为一种关键的生产要素，其特征可以从资源、技术和产权等三种视角进行分析（见图 2-3）。

图 2-3 数据要素的三大特征

第一，资源视角。数据要素具有"非竞争性"。即不同的组织以及个体可以利用同样的数据要素，但并不会造成其他用户的利益受损[②]。同一批数据可以同时给 A 企业和 B 企业使用，而不像厂房等资源只能给一家企业使

---

① 王姝楠，陈江生. 数字经济的技术—经济范式 [J]. 上海经济研究，2019 (12): 80-94.
② 唐要家，唐春晖. 数据要素经济增长倍增机制及治理体系 [J]. 人文杂志，2020 (11): 83-92.

用。从这个意义上说，数据就像太阳能一样，你享受到的阳光并不会因为别人的享受而减少一丝温暖。

第二，技术视角。数据要素具有"使能性"①。即一项数据及其相关技术要素投入使用后，可以使现有技术能力得以改进和提升，为要素使用者节约熟悉技术机理的时间、更好地进行衍生创新和迭代创新创造了条件。像 3D 打印技术的使用就为生物医学领域创新做出了巨大贡献，如借助 3D 打印技术制造出形状、功能都与真人心脏高度相似的柔性心脏等②。

第三，产权视角。数据要素具有"生产消费统一性"③。即数字技术支持生产者和消费者自由转换身份，数字化生产与消费之间呈现出"自激励""自协同"等特性。如在 Steam（蒸汽平台）等在线游戏平台上，每个消费者都可以根据自己的特长和喜好进行再创造，而这种用户创造的产品还可以在平台上进行售卖。

基于以上三个特征，数据要素主要通过以下四个方面对企业战略产生影响。

第一，网络效应。网络效应指一种产品或者服务的价值随着其用户数量的增加而提高。如安装电话的用户数量越多，用户安装电话的价值就越高。数字经济时代，资源的本质属性发生了极大转变，以往能够创造竞争优势的土地、劳动、厂房等有形或无形资源在数字经济时代可能迅速贬值，而网络

---

① 王建冬，童楠楠.数字经济背景下数据与其他生产要素的协同联动机制研究[J].电子政务，2020(3): 22-31.

② 21 Tracker创新.3D打印衍生出来的新业态、瓶颈和机遇都有哪些？[EB/OL].(2017-10-13)[2021-02-02]. https://www.sohu.com/a/197886339_752829.

③ 杨慧玲，张力.数字经济变革及其矛盾运动 [J]. 当代经济研究，2020(1): 22-34.

效应则是数字经济时代企业价值创造和保持竞争优势的强力护城河 [①]。

第二，迭代创新。数字技术的同质性和可重新编程性使数字资源具有可供性，为不同组织以及个体利用同样的数字资源来实现迭代创新和衍生创新提供了支撑。如小米 MIUI 系统坚持根据用户反馈进行迭代创新，3D 打印技术的发展为生物医学领域、动漫周边、建筑设计等各行各业的衍生创新创造了良好条件。

第三，零边际成本。由于数据具有产权节点模糊、供给无限和非排他性，企业可以几乎零成本地进行无数次的数据复制、转移和储存，且在使用过程中数据没有损耗，这使得数据的边际成本 [②] 几乎为零。零边际成本和非竞争性使数字经济具有显著的规模经济和范围经济特征。比如微软公司研发和推出 Windows 系统后，通过拷贝的方式，以极低的成本生产数十亿个 Windows 软件，这对于传统企业来说是无法实现的。

第四，规模收益递增。由于数据使用的非竞争性、零边际成本和数据开发应用所具有的强外溢性，数字经济时代的生产函数呈现出规模收益递增的特点 [③]。主要原因有以下两点：一是由于人们能够几乎零成本地大规模复制、跨时空传输和存储数据，因此相同的数据可以极低的成本反复被使用，且在重复使用的过程中价值越来越大。二是数据要素的"使能性"使其具有很强的多要素合成效应，数据要素可通过为其他要素流转提供基础环境、提高流转效率，以及作为其他要素流转的桥梁等来促进多种生产要素间的深度融合，使与数据要素整合在一起的全要素实现规模收益递增，促

[①]　陈冬梅，王俐珍，陈安霓. 数字化与战略管理理论——回顾、挑战与展望[J]. 管理世界，2020(5): 220–236.

[②]　边际成本指企业每增加一单位产量所增加的成本。

[③]　唐要家，唐春晖. 数据要素经济增长倍增机制及治理体系[J]. 人文杂志，2020(11): 83–92.

进全要素生产率提升 ①。

那么，这四个方面又是如何为企业战略带来改变的？接下来，我们将从公司层、业务层和职能层战略这三个层次来展开简要讨论，并在第二、三、四篇具体展开。

公司层战略的改变：连接让一切皆有可能

在数字技术赋能下，交易成本不断下降，组织内部流程也不断简化，中间交易机制正在重构，利益相关者间的沟通方式越来越虚拟化，行业边界和地理边界愈发模糊，竞争不再是基于如何充分利用和发挥内部资源和能力优势，而是转向如何更好地连接和利用外部的资源和能力。企业间的竞争从产品竞争升级到了商业模式竞争和生态竞争。竞争不再是一个"你死我活"的零和游戏，而是"你好我也好"的共生结局；企业也不再一味追求胜利，而是寻找更多的生长机会和空间。

● 行业边界模糊

数字技术打破了行业的边界，几乎一切都变得可做。依托于数字创新催生出来的最重要的组织形态——数字平台，企业不再"束手束脚"地在行业的边缘来回试探，而是在任何一个领域都有可能、有机会大展身手 ②，完全突破行业条件的界限，实现全新的价值组合。就像我们已经很难分清楚大名鼎鼎的苹果公司到底是属于电子消费品行业、金融支付行业还是技术服务行业。同样，早年分耕于电商和即时通信

---

① 王建冬，童楠楠.数字经济背景下数据与其他生产要素的协同联动机制研究[J].电子政务，2020(3): 22-31.

② 魏江，刘洋，等.数字创新[M].北京：机械工业出版社，2021.

的阿里巴巴和腾讯，如今也已经在各个领域明争暗斗、一争高下。而在数字经济时代行业壁垒崩塌、行业边界模糊、跨领域创新加速实现的背后，无处不在的 API（application programming interface，应用程序接口）功不可没。具体而言，API 可以使企业利用现有的资源和服务快速构建应用，缩短开发周期；通过开放 API 接口，企业还可以在客户、合作伙伴间进行全面实时的业务互动，拓展业务生态，拓宽创新边界。

● 地理边界模糊

2020 年初，猝不及防的新冠肺炎疫情席卷全球，我国大量企业的出口量呈现断崖式下跌。但腾讯、阿里巴巴等互联网企业借助腾讯会议、钉钉网课等数字社交平台向海外输出我国科技抗疫经验，走出了一条"互联网企业出海新路"。例如，钉钉就成为联合国首推的在家上课平台之一。日本东京 COSMO 学园老师借助钉钉远程上课，甚至还引来了网友们"岂曰无课，与子同钉钉"的调侃[①]。

这背后的功臣就是数字技术的连接功能，其为个体、企业和整个社会之间连接和互动方式的改变提供了技术支持。在数字连接的支持下，企业逐渐摆脱对邻近区域内员工的依赖，借助社交媒体的低进入门槛和用户友好界面与全球各地的多样化利益相关者建立起连接，快速实现地理范围的扩张。那么，数字技术赋能下的地理边界扩张和传统的扩张有何不同？企业到底是如何通过数字技术和数字赋能来克服传统国际化过程中的种种劣势的呢？这些问题的答案我们将在第 5 章中进一步揭晓。

---

① 南方都市报.腾讯会议进入联合国，钉钉网课上线日本，互联网企业现出海新模式[EB/OL]. (2020–04–03) [2021–02–02]. https://m.sohu.com/a/385368328_161795.

● 竞争升维

　　企业竞争大体可以划分为三个时代。企业竞争 1.0 时代是企业自身的产品或服务间的竞争，竞争的基础是企业自身的资源。企业竞争 2.0 时代是产业链间的竞争，竞争的基础是企业可以控制影响的资源。企业竞争 3.0 时代是商业模式或生态系统间的竞争，竞争的基础是企业间的互利共生 [1]，我们正在进入这一阶段。生态竞争不是单个商业模式之间的竞争，而是一套动态链接、协作的商业模式间的竞争，如阿里巴巴、腾讯、美团等电商巨头间的竞争。

　　从产品竞争到商业模式竞争再到生态竞争，企业开始把眼光从企业内部转移到外部，有意识地大规模、系统化调用外部资源。高德纳咨询公司（Gartner）的调研数据显示，中国有 61% 的企业已经参与到别人的生态系统中或自建生态系统 [2]。是自己构建生态系统还是参与到别人的生态系统中？如何管理生态系统内的竞合以促进价值共创？如何通过构建、参与、蚕食生态而使自己的生态系统更有竞争力？这些都是企业在数字经济时代需要重点考虑的战略问题。

业务层战略的改变：共享赋能价值创造

当我们理解了数字技术和数字资源会带来行业边界和地理边界模糊、导致企业竞争战略升级后，接下来该思考的是，我们在业务层面，该如何

---

① 清华科技园教育培训中心. 需用产业链和产业生态的理念引导能源业高质量发展[EB/OL].（2018-04-28）[2021-02-02]. http://www.tuspark.net/News/hdopen.asp?id=704.

② 锦囊大咖show. 陈勇：未来企业的竞争不是产品的竞争，而是生态的竞争[EB/OL].（2018-07-11）[2021-02-02]. https://xw.qq.com/amphtml/20180711A17XMH00.

利用数字技术来为企业创造核心竞争力？我们认为数字技术通过改变企业竞争优势基础、创新企业竞争优势建立方式、促使价值创造过程模块化等三个方面来影响企业业务层战略。

● 改变企业竞争优势基础

　　与以往能够创造竞争优势的传统资源不同，数字资源的新属性降低了企业对资源的控制程度，同时也扩大了企业资源获取的范围，从而改变了企业竞争优势基础的来源（我们将在第 3 章"竞争优势来源"部分中详细展开）。数字资源的可供性促进了计算机设备和数字产品信息之间的分离，导致与创新相关的知识资源可以从产品中分离出来，并被转换成统一的数字格式，提高了资源的流动性和共享性，同时也打破了原有的资源获取边界。例如照片墙（Instagram）、沃茨阿普（WhatsApp）在内部资源有限的情况下仍然发展迅速，就是因为它们调动了外部的资源，充分利用了亚马逊的云计算、脸书的数据接口以及谷歌（Google）的广告。

● 创新企业竞争优势建立方式

　　在工业经济时代，获取和控制有价值的、稀缺的、难以模仿的以及不可替代的资源是企业获取持续竞争优势的重要方式[1]。数字经济时代，资源属性的变化也为企业获取竞争优势创造了新途径。作为数字化组织的一种典型代表，主动为参与者的创新和创业活动进行赋能就是平台生态系统保持核心竞争优势的重要方式（见案例聚焦 2–2）。例

---

[1]　Barney J. Firm resources and sustained competitive advantage [J]. Journal of Management, 1991, 17(1): 99−120.

如，平台主可以为参与企业提供重要的研发资源、技术资源等创新条件，以及云计算、数据管理、成本管理等一系列支持性服务，这些基础性的底层技术能够促使创业企业开展各类可能的探索性创新活动。这些数字平台竞争优势的建立也不再局限于特定的产品和服务的竞争，而是通过迭代创新来争夺稀缺的用户时间，并将这些资源快速变现[①]。

● 促使价值创造过程模块化

平台化和网络化的组织架构，使价值创造过程呈现出模块化的趋势。即企业可通过模块化的产品架构将创新任务分解成离散组件，以此来降低任务分工的复杂性，促进企业内部各模块的并行创新。此外，数字连接为有效的协调任务分工和合作提供了支撑，因此产品生产过程由集中化和规模化向分散化和模块化转变。如在开源软件、Steam 创意工坊等在线社区中，软件或游戏开发项目的负责人将内部数据或模型公开给社区内所有成员，并支持社区成员基于自己的需求、偏好和技能进行再创造。

案例聚焦 2-2

抖音的"创作者成长计划"

2019 年 8 月 24 日，在抖音举办的首届创作者大会上，抖音总裁张楠宣布推出"创作者成长计划"，声称在未来一年时间内，抖音希望帮助 1000 万名创作者赚到钱。张楠解释说："创作者才是抖音的主角，抖音因创作者

而精彩，给创作者提供更好的服务是抖音价值的重要维度。"据介绍，抖音将从以下三个方面为创作者保驾护航。

流量服务：面对不同专业创作者量身定制扶持策略，提供针对性流量支持，减少创作者极端流量体验差体验。

工具服务：通过开放长视频权限、增强创作者和粉丝之间的直接互动等新功能，提升创作者服务满意度。

变现服务：通过直播打赏、星图接广告等功能帮助创作者实现流量变现，提升创作者投稿积极性。

资料来源：中国经济网．抖音推出"创作者成长计划"，未来一年要让一千万创作者赚到钱 [EB/OL]. (2019-08-24)[2021-02-02]. http://www.ce.cn/xwzx/gnsz/2008/201908/24/t20190824_32998380.shtml.

职能层战略的改变：界面让人人皆可参与

那么，从职能层战略来看，数字技术又会带来什么影响呢？我们将主要从企业运用数字技术进行数字化转型这些"落地"战略来展开讨论。具体地，我们从企业研发过程透明化、个性化，组织架构网络化、平台化，任务分工和协调的数字化，以及治理边界生态化等四个方面来阐述。

● 研发过程透明化、个性化

大数据、云计算等数字技术本质上都是信息、计算、沟通和连接技术的组合。这些数字技术带来的创新要素数字化和创新过程智能化，使数字化企业的任务架构体系愈发透明。与此同时，去中心化和去中介化的平台组织和网络组织的出现，也改变了传统生产过程中的科层结构，使数字化企业的研发过程越来越透明化和个性化。如优衣库推出的个性定制服装服务"UTme!"，就可以支持用户在手机或平板电脑上根据自己的喜好进行服装设计。

● **组织架构网络化、平台化**

数字技术通过连接虚拟世界和现实世界，使得精准预测消费者偏好成为可能，而数字连接带来的互动范围扩大和生产准入门槛降低更是为企业以网络化的方式实现多主体价值共创提供了支撑。此外，数字技术使原有的科层式组织架构转化为平台化组织架构[①]，使得企业能够围绕稳定的产品系统组织独立参与者进行创新，如阿里巴巴的"大中台小前台"战略（详见第 10 章内容）。

● **任务分工和协调的数字化**

诸多创新科技的广泛应用和经济全球化的发展，使企业在资源依赖和制度环境等方面的不确定性程度加剧，传统组织形态和层级结构已无法适应日益变化的市场环境。比如，传统契约关系的缺失导致组织内资源依赖及权力关系发生了变化，组织内部利益相关者并不总是服从于组织的监管，甚至会对组织内的社会分工和协调整合给出自己的意见和解决方法。如何把最好的、最合适的、能够为企业带来核心竞争力的数据资源或者数字技术，传递给合适的人，从而做出正确的战略决策，这些都是数字化领导力要解决的问题。

● **治理边界生态化**

数字化领导力不仅仅体现在对企业内部的管理上，也体现在对焦

---

① Gawer A. Bridging differing perspectives on technological platforms: Toward an integrative framework [J]. Research Policy, 2014, 43(7):1239.

点企业所构建起来的数字生态的治理上。数字技术在颠覆传统的组织形态、重塑企业竞争力的同时，也带来了全新的治理问题。如何运用数字化的工具去推动生态内参与者的协作与创新，如何通过数字技术赋能生态内参与者参与到治理活动中，全面提升生态的竞争优势并推动生态的健康演化，这些都是数字经济时代企业领导者需要面临的挑战和命题。

数字战略 vs. 传统战略

上一节讨论了数字化的四大方面，从公司层、业务层、职能层等三个层次具体阐述了数字化对企业战略形态的改变。那么，随之产生的疑问便是，数字战略和传统战略的区别到底在哪里？数字战略能取代传统战略吗？本节从传统战略在数字化情境下的适用性、数字战略与传统战略的"同与不同"两个方面，来具体阐述传统战略与数字战略的关系。

千举万变，其道一也

数字化促使行业边界模糊、竞争升级，同时改变了价值创造过程，催生了新的组织架构，推动了生态治理，这些变化对行业和企业的影响深远。那么已有的战略理论是否会失去对数字化实践的解释力？

我们的答案是一些理论仍然适用。比如，由于资源的稀缺性和独占性以及行业边界的清晰，传统经济中的"竞争主体"大多是清晰和对等的，即要么是企业间的竞争，要么是商品间的竞争，或者是环境、政策的竞争。

但在数字经济时代，数字资源的流动性使资源可在不同主体间共享，且数据要素生产与消费的统一性更是促使资源价值的决定者由企业向消费者或数据的使用者转变。因此，数字经济时代的"竞争主体"不一定是参与竞争的主体，也可能是它所属的数字生态，或者是产品的附带功能等"非竞争主体"功能①，如"钉钉课堂"和"腾讯课堂"的竞争不是课堂本身价值的竞争，而是捆绑的钉钉与腾讯平台附带功能（如钉盘、打卡、通讯录等）之间的竞争；同样，Zoom 和 Teams 的竞争也不再是单纯的会议软件产品本身的竞争，而是其与 Teams 背后所附带的 Office、OneDrive 等整个微软产品矩阵的竞争。但是，虽然竞争主体发生了变化，波特的竞争战略理论在数字化情境下依然适用，差异化战略和成本领先战略也依然有效。

一些理论需要在新情境中稍做调整。比如资源的所有权和重复使用问题在数字世界中非常突出。数据作为一种生产要素，它的所有权不再像传统的生产要素那么清晰，所有权的归属变得异常困难。随着数据互联性增强，在公司的法律边界限制信息流动变得困难，对知识产权和敏感信息的保护面临挑战。例如，2017 年阿里巴巴为防止数据信息外流暂停向顺丰开放物流数据接口，暂时禁止它接受其他电子商务供应商的快递。此外，产权理论认为，资源的产权不清晰会导致外部性，从而增加交易成本。但是数字资源可以几乎被无成本地完美复制，数据可以被重复利用和无限转售，这与传统的产权理论相悖。

道无异，术不同

简单地说，战略就是企业如何取胜以及在哪个战场取胜。古人云："道

---

① 陈万钦. 数字经济理论和政策体系研究 [J]. 经济与管理，2020(6): 6–13.

为术之灵，术为道之体；以道统术，以术得道。"成功的战略应该融合道（思维）和术（行动）（见图 2-4）。在这里，我们认为思维主要指战略布局领域的广阔视野和更为宏观的、全局性的思考，作为一种指导思想和原则来统领全局，如考虑整个产业架构的变迁与发展、探索制约企业价值创造的瓶颈问题等。而行动则是更加具体的落地策略，关注的是如何在动态变化的竞争环境中更快、更好地抓住短暂的机会，例如根据市场需求快速更新产品和价值主张，以及随着数字技术的发展持续推进组织变革等[①]。

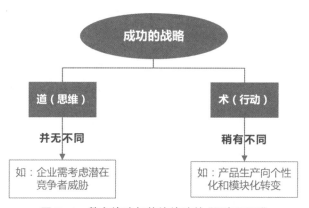

图 2-4　数字战略与传统战略的"同与不同"

在思维方面，数字战略和传统战略其实并无差别。比如，工业时代企业面临的潜在竞争者威胁主要是行业内竞争者抢占市场份额，而在数字经济时代，企业面临的潜在竞争者威胁可能是行业外竞争者的跨界竞争，也可能是行业内竞争者通过改变客户的行为或行业参与者之间的价值分配方式来完全颠覆行业。虽然潜在竞争者的内涵和竞争方式在数字经济时代发

① Eisenhardt K M, Bingham C B. Superior strategy in entrepreneurial settings: Thinking, doing, and the logic of opportunity [J]. Strategy Science, 2017, 2(4): 246−257.

生了变化，但是企业需要考虑潜在竞争者威胁这一点并无不同。

在行动方面，数字战略和传统战略稍有不同。如在传统经济中，产品和服务的供给者与需求者之间存在着一定的地位不平等，生产过程以标准化和规模化为特点。但在数字经济时代，数据产权的模糊使消费者或者数据使用者成为要素价值的重要决定者，且数字技术支持生产者和消费者自由转换身份，因此产品的生产与消费之间呈现出"自激励""自协同"等特性。数字技术的可供性导致生产过程可被拆分为独立的操作模块，而数字连接更是为有效地协调任务分工和合作提供了支撑，因此产品生产过程由集中化和规模化向个性化和模块化转变，为企业根据用户需求快速更新产品创造了条件。

总之，无论数字战略与传统战略之间的关系如何，对于数字经济时代的企业而言，根据自身发展需求结合使用传统战略和数字战略才是保持竞争优势的最佳举措。苹果公司的成功就是极好的案例。具体而言，其同时利用了差异化战略、供应链战略和平台战略。其中，差异化战略是指苹果公司在每个领域内只做一到两款产品，并使其成为该领域的明星产品，如 iPad、iPhone、MacBook 等。供应链战略是指从不同的供应商处采购零部件和材料，然后把它们运到设立在中国的组装厂，最后直接从苹果的在线商店配送给消费者。平台战略是指通过管理 App 开发者来满足用户多样化需求。

第 3 章

竞争优势来源

第 2 章提到，战略的本质是保持和提升企业竞争优势，这一点在数字经济时代也并未发生变化。随着企业与数字科技的加速融合、数字技术在应用层面的日渐成熟，企业不断地向数字化、网络化、智能化的方向加速发展，不断重塑自身经营方式和竞争生态。那么，企业的竞争优势来源是否发生了变化？无论是阿里巴巴、滴滴打车，还是企查查、天眼查，通过观察即可发现，它们的成功所依托的独特优势资源并非来自企业内部。这就意味着传统的竞争优势来源在数字化背景下已经发生了一定变化。那么，企业又该如何获取竞争优势呢？

本章将从数字资源、数字能力和数字化组织三个方面，对数字经济时代的企业竞争优势来源进行深入剖析，并在此基础上对数字经济时代企业如何获取竞争优势展开讨论，以帮助读者更好地理解数字战略的基本逻辑（见图 3-1）。我们认为，数字资源是获得竞争优势的基础，而数字能力则是企业充分发挥能动性、实现数字资源价值的关键，通过充分发挥信息能力和迭代能力的作用，利用、部署和整合分散化的数字资源，并根据特定情境对数字资源进行重构，打造出全新的价值组合，助力企业获取竞争优势。需要强调的是，无论是数字资源还是数字能力都是嵌入在组织当中的，都需要依托组织的支撑来发挥价值。换言之，数字化组织为数字资源优势的发挥和数字能力的运用提供了实现的场景。

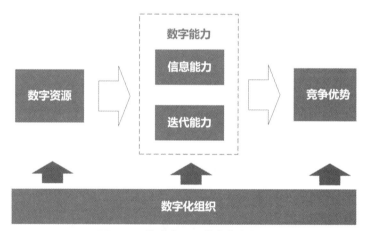

图 3-1　数字资源、能力与组织

聚焦数字资源

随着数字技术在商业社会的渗透和应用，各种新兴企业如蚂蚁金服、企查查等如雨后春笋般迅速崛起，这类企业与传统企业不同，在短时间内就占据了很高的市场份额，推广速度也远快于传统企业。那么是什么独特的竞争优势使得这些企业快速发展呢？数字资源在其中发挥了极其重要的作用。我们将在本节介绍数字资源的定义、特点、来源，并讨论数字资源如何为企业带来竞争优势。

什么是数字资源

数字资源是将计算机技术、通信技术及多媒体技术相互融合而形成的以数字形式发布、存取、利用的信息资源的总和。常见的数字资源包括数据库、电子期刊、电子图书、网页、多媒体资料等。数字资源的主要特性来自资源的数字化形式，数字化使得资源具有了互联、聚合的属性，从而赋予数字资源自生长性、时效性、交互性和动态性等四个特性[①]。

- 自生长性

数字资源本身是自生的，即使用数据的行为创造了新的数据[②]。比如说，一位音乐爱好者在搜索自己想听的音乐时，搜索音乐的行为本身就创造了关于搜索者兴趣或习惯的新数据。这些数据的生成是偶然的，与最初的意图无关，但是新数据可能具有较高价值。

- 时效性

由于数字资源是以数据形式进行传播的，它的传播与更新速度更

[①] Adner R, Puranam P, Zhu F. What is different about digital strategy? From quantitative to qualitative change [J]. Strategy Science, 2019, 4(4): 253−261; Hagiu A, Wright J. When data creates competitive advantage [J]. Harvard Business Review, 2020, 98(1): 94−101.

[②] Adner R, Puranam P, Zhu F. What is different about digital strategy? From quantitative to qualitative change [J]. Strategy Science, 2019, 4(4): 253−261.

快，与传统资源相比，数字资源的时效性比传统资源更强，当下有价值的数字资源在下一次迭代的过程中可能就失去了价值。

● 交互性

数字化帮助信息具备了互联与聚合的特点，增强了个人、企业内部以及企业间的连接。随着传感器嵌入生产线，管理者能够获得生产线更加准确的数据；数据的聚合使原本不相关的数据得以结合，用来回答以前不能解决的问题。例如美团或大众点评等软件将个人偏好与个人财务状况相结合可以更加准确地进行餐厅推送。

● 动态性

由于数字技术的增长，越来越多的组织可以随时监控数据的变化，可以得到更加准确与高效的反馈，比如谷歌地图运用用户实时反馈的道路状况，提高了其收集到的路况信息的精确度。

数字资源与传统资源的区别

传统的战略理论认为，资源只有在具备以下四个属性的时候才能成为竞争优势的基础，即价值性、稀有性、不可模仿性、不可替代性[①]，但是数字资源打破了资源的上述属性要求。

首先，数字资源本身并不具备价值，其价值取决于使用者的创意。例如，天眼查和企查查使用的各个企业的信息均来自已公开披露的信息，这些海量但又毫无章法的公开数据人人可得，如果从资源的价值性来说，其

---

① Barney J B. Strategic factor markets: Expectations, luck, and business strategy [J]. Management Science, 1986, 32(10): 1231-1241.

并不具备独特价值，但为何天眼查、企查查能拥有"点石成金"的妙手指？

其次，数字资源虽然在微观层面具备稀有性，因为不同时间的数据不是完全一样的，但在宏观层面不一定具备稀有性。各个数据库虽然内部数据不同，但从宏观来看功能相同。例如，阿里巴巴、京东等电商公司都拥有各自的客户数据库（虽然不同平台的客户数据并不相同，但是往往可以发挥相似的作用），可以从中获取消费者的习惯，进而采取个性化的推荐手段。那么不同电商该如何发挥其数据库的独特优势呢？

再次，数字资源由于其数据表现形式，具备可随意复制性，数字资源可以多次且不发生任何改变地被复制，轻易就能被模仿。类似于蓝凌的办公软件由于其核心模块很容易被模仿，代码也可以被直接复制，因此其产品的模仿难度极低。这类公司又应该如何提高竞争力？

最后，资源的可代替性是指当一种资源的次优使用相对于最优使用时，其价值的下降程度[①]。但是数字资源的价值本身就与使用者相关，因此，数字资源的可替代性不仅依赖于使用者，还依赖于数据池中与其相关的其他数据。再来看企查查和天眼查，公开的企业数据在这两家平台中能发挥作用，但是对其他的公司来说，即使获取了海量数据也无法编译出详细的企业信息，更无法理清各个公司之间的关系。

数字资源如何带来竞争优势

在回答这一问题之前，我们首先了解一下数字资源的来源。一般来说，

---

① Adner R, Puranam P, Zhu F. What is different about digital strategy? From quantitative to qualitative change [J]. Strategy Science, 2019, 4(4): 253−261.

传统资源是要素市场上通过企业家的洞察力来低价获得的[①]，数字资源的来源会更加丰富，具体来看可以分为以下四类来源（见图 3–2）。

- **内部生产过程。** 企业可以通过嵌入传感器的方式从内部生产线中获取信息和数据，并且加以识别、学习，从而提升设备与生产线的契合程度或者发现生产过程中传统资源分配不当的问题并优化生产线。
- **外部披露信息。** 企业可以从行业已披露的信息中获取数字资源，这类信息往往是所有人都可以获得的，但是仅获取信息并不能使其成为资源，需要对这类信息进行清洗、结构化整理等，这样才能为企业所利用。
- **客户交互过程。** 企业可以通过与客户的交互获得数字资源。淘宝等电商平台往往通过与客户之间的信息交互，获得客户信息，对其进行结构化处理，然后存入资源池中，优化企业的算法。
- **数字产品使用过程。** 企业可以从数字产品中获取数字资源。越来越多的家居、安防等设施具备智能功能，可以在用户使用其产品的过程中收集数据信息，获取用户的使用习惯、偏好，或者是了解用户在使用过程中遇到的难点，从而改善自身产品。

[①]　Barney J B. Strategic factor markets: Expectations, luck, and business strategy [J]. Management Science, 1986, 32(10): 1231–1241.

图 3-2　数字资源的来源

那么，又该如何使用以上多来源的数字资源，来发挥其价值并助力企业获取竞争优势呢？

第一，可以利用数据的附加价值。例如企业在售卖商品时，其价值不仅仅来自商品本身，还来自商品背后的数据价值。例如特斯拉公司在进入中国市场降低其 Model 3 车型的售卖价格后，其产品的利润获取并不直接来自售卖价格，更多的是来自在汽车售卖之后根据大量用户驾驶车辆的数据反馈所进行的汽车驾驶系统升级。每次系统大的版本升级需要近 1/4 车价的费用，这可以为企业获得很高的价值。

第二，利用边际价值递增性来获取竞争优势。根据第 2 章的介绍，我们可以推断出数字资源的使用具有边际价值递增的特点。比如处于汽车 ADAS（高级驾驶辅助系统）市场的 Mobileye 公司原本具有 90% 的预判精度，在使用汽车制造商客户的数据后，通过将几个制造商的数据整合，将辅助系统的精度提高到了 99%。但是辅助系统考虑到生死攸关的影响，汽车制造商需要 99% 甚至 99.99% 的精度，而提升到如此高的精度需要海量数据的支撑。用户反馈的数据资源数量越大，出现误差的概率就越小，由此产生的价值也就越高。没有一家单独的汽车制造商可以产生如此多的数据进行学习、改善，而 Mobileye 在整合多家汽车制造厂商的数据后就能实现，也因此保证了其在 ADAS 市场中的主导地位。

第三，利用构建进入壁垒来帮助企业维持竞争优势。当一家数字企业拥有其他企业无法绕开的数字资源时，该企业就可以在其行业内获得中心位置并构建起进入壁垒，因为其他企业的创新往往会依靠该核心企业的软件或者模块。例如，谷歌公司的安卓（Android）系统虽然是开源并且不收费的，但是当大部分手机公司都无法绕开安卓系统时，即使该系统是免费的，谷歌公司依然可以凭借这个资源在手机系统生态中取得主导地位。

第四，利用数字资源的动态性来获取竞争优势。数字资源与传统资源相比，一个鲜明的特点就是数字资源的动态性是可获取的。例如谷歌地图和高德地图就是根据用户使用它们产品时获得的实时反馈来精确化实时地图、改善导航准确性，从而提高自身的竞争力。

第五，利用数据网络效应来获取价值。数据网络效应与传统的直接网络效应和间接网络效应略有不同（见表 3–1），它指当一个数字产品使用者较多时，公司就可以从用户中获取更多的信息从而改善产品与服务，获得更强大的竞争力（详见案例聚焦 3–1）。比如百度等搜索引擎通过收集使用搜索引擎的用户的数据，拥有多年的历史搜索数据，可以在此基础上改进算法，从而使搜索引擎对信息的匹配更加精确。又如抖音、微博等新型社交平台，能够根据收集的用户信息升级公司算法，从而让推送变得更加及时与精确，以获得竞争力。

表 3-1　网络效应分类

网络效应分类	作用机理	例子
直接网络效应	用户通过直接与网络中的人互动获取价值	社交媒体微博上的网络效应主要来源于用户之间的直接互动
间接网络效应	使用产品的人越多，产品的可用性与互补品的多样性就越高，从而增加产品对用户的价值	App 生态系统吸引的用户越多，开发动力越强，应用的多样性越高，用户可使用的产品就越多
数据网络效应	平台从它收集的用户数据中学习，平台对于用户更有价值	谷歌平台对用户与他们进行的搜索学习得越多，它就能提供越多的个性化体验，使搜索引擎对用户更有价值

资料来源：Gregory R W, Henfridsson O, Kaganer E, et al. The role of artificial intelligence and data network effects for creating user value[J/OL]. Academy of Management Review, 2020, 46(3): 534−551[2021−07−15]. https://doi.org/10.5465/amr.2019.0178.

案例聚焦 3-1

海尔智慧浴室场景

海尔作为老牌的白色家电龙头，为了实现数字化，也采取了一些措施。

智慧浴室的场景布置逻辑非常简单，可以分为横和纵两个方向。在横向上，海尔研究在家庭中洗浴，是能量获取到能量输出的过程。首先，能量从光能转化为电和热，太阳能热水泵把空气中的热转化成热水，这是进入的部分；其次，进来之后要储存；最后，是用户洗澡的过程。团队把用户洗澡的过程全部模拟一遍，判断如何让其更舒服，通过这个方式确定应该集结哪些硬件、哪些技术。

在纵向上，团队发现一个问题，用户洗澡要舒服，重点不在于这些硬件，而是在于这些硬件排列的逻辑。比如用户回到家之后，和音箱说："我要洗澡。"那么讲完之后这套系统怎么能把热水器打开？烧热水烧到多少度？烧热之后，用户比较喜欢用什么样的模式去洗？是要用氧气洗，用气泡洗，用雾化洗，还是用精油洗？是喜欢去澡盆里面泡，还是喜欢淋浴？进入之前更衣的时候，环境是不是把温度调到了非常舒服的温度？洗完之后怎么能快速地清理？在纵向的过程中可以发现，由于智慧浴室的场景涉及每个用户不同的个人偏好，因此需要对产品进行个性化的改变。以往的个性化定制需要人工收集客户的资料，但是在新型的个性化中，可以通过传感器以及对用户在使用过程中上传的数据进行分析、计算，从而改进算法，使其更加适合这个用户。用户的数量越多，海尔可以收集到的反馈信息就会越准确，从而也能够让浴室变得更加智慧。

　　资料来源：根据访谈资料整理。

构建数字能力

什么是数字能力

　　回到前文我们抛出的问题：天眼查、企查查近年来迅速发展，它们使用的企业信息都是公开透明的，属于公共产品，从获取的数据看，与其他企业并没有不同。那么为什么有的企业能够在这么多同类企业中脱颖而出？为什么不同的企业在不同的使用情境下使用相同的数字资源能够实现迥异的目标？

　　其中一个很重要的因素就是数字能力。如果光有数字资源，而没有数字能力去利用和变现这些资源，那么就如同坐在金矿上却不知如何挖矿一样。上一节中我们已经讨论了数字资源的特点以及数字资源能够带来何种竞争优势，这一节主要探索企业要如何通过数字能力将这些数字资源利用起来。我们将数字能力定义为，能使企业整合数字资产和商业资源，利用数字网络来创新产品、服务和流程，以实现组织学习和客户价值的组织能力[①]，也可以理解为是企业获取、管理和利用数字资源并将其最终转化为竞争优势的能力[②]。本节我们将通过对比数字能力与传统能力，识别数字能力的特点，并在此基础上探索数字能力如何带来竞争优势。

与传统的组织能力相比，数字化企业的信息能力、迭代能力尤其关键，当然，数字化企业依旧需要传统的组织能力，如领导能力（数字化领导力发生了一些变化，详见第 11 章内容）、战略规划能力、过程管理能力等。下面我们主要从信息能力和迭代能力展开讨论。

● 信息能力

信息能力包括了对信息的获取、清洗、管理等，是对数字资源的触及、聚合和分析等数字化运营活动进行管理的能力。从充斥着海量数据的社会中搜索到用户想要的信息对搜索引擎的要求很高，虽然现

---

① Annarelli A, Battistella C, Nonino F, et al. Literature review on digitalization capabilities: Co-citation analysis of antecedents, conceptualization and consequences [J]. Technological Forecasting and Social Change, 2021, 166(3): 120635.

② Ekman P, Röndell J, Kowalkowski C, et al. Emergent market innovation: A longitudinal study of technology-driven capability development and institutional work [J]. Journal of Business Research, 2021, 124: 469-482; Liu H, Ke W, Wei K K, et al. The impact of IT capabilities on firm performance: The mediating roles of absorptive capacity and supply chain agility [J]. Decision Support Systems, 2013, 54(3): 1452-1462.

在的搜索引擎大多已经具备智能化的功能，但是对于特定行业或者企业而言，它们所需要的信息并不一定是大众生活通常所需要的信息，因此它们需要有自己的算法来抓取数据、信息。数字经济时代，企业使用算法代替原本低效的人工收集方法，并根据自己所需信息的侧重开发出一套适合自己企业需求的独特算法，例如，可能会对某些字段出现的频率或者某些标签出现的年份等进行特殊的框定。在用算法进行搜索时，假如发现搜索到的信息与希望得到的信息出现差距，那么可以通过进一步优化算法，逐步使之与本企业更好地契合。

在对信息和数据进行原始的收集和获取后，如何对这些信息和数据进行后期的清洗和管理，即如何能够将这些信息转化为企业独有的资源，就变得至关重要。企业需要建立自己的数据库，将有用的信息进行清洗和结构化整合，然后才能将这些数据存入数据库中用于计算以及学习。之所以要在这里提到学习这个维度，是因为数字化企业有一个重要的特征就是机器学习，通过对资源库中训练集数据的训练，对算法进行自动改进，从而降低犯错的可能性。机器学习的前提就是能够拥有一个好的训练集，因为机器学习的目标并不仅仅是让算法在训练样本上表现得很好，而是要使学到的函数能够很好地使用到新样本上，因此训练集数据是否规范就异常重要，这直接影响到算法的精确性。

● 迭代能力

迭代能力作为数字经济时代的一个重要标签，包括了快速重构数字资源、实现数字资源全新组合的能力，能够帮助企业更好地、动态地满足市场需求并抓住机会。具体来看，迭代可以分为外部迭代和内部迭代，虽然这两者都是产品开发的方法和模式，但是其中的逻辑并非完全相同。

外部迭代指一个最简单可行的产品进入市场之后开始不断迭代，每次迭代都寻求用户检验、总结经验、提升认知，降低试错成本，准确捕捉用户需求（详见案例聚焦3-2）。由于数字经济时代外部环境高度不确定，相比于传统的瀑布流开发，这种迭代开发能够更加适应数字经济时代高度不确定和高速变化的环境。其中比较典型的例子就是微信的发展（见图3-3）。微信从一个最基础的通信工具开始，1.0版本只具备聊天的功能（当时市场上出现飞信等相似工具，1.0时代并不占据太多优势）；2.0—4.0版本具备了朋友圈、附近的人等功能，被打造为社交平台；5.0—6.0版本基于其大量的用户基础，开始开启服务号、游戏、支付等入口，被定位为生活类App[①]。

内部迭代则是指对内部的设备、算法等进行迭代，使之能够与企业更加契合，让企业具备独特的获取、管理信息的能力，我们在前文提到的对算法的优化就是内部迭代的一个表现。

---

① 卓文.从0到X的过程中，微信55个版本的迭代变化[EB/OL]. (2017-04-11) [2020-12-21]. http://www.woshipm.com/pd/633311.html.

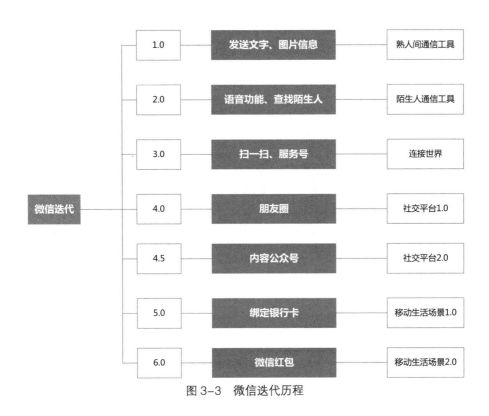

图 3-3　微信迭代历程

案例聚焦 3-2

海尔开放创新平台微洞察软件

海尔开放创新平台（Hair Open Partnership Ecosystem, HOPE）是面向客户需求开发的微洞察产品，开发迭代了四个版本的支持性功能软件，而这四个版本的演变过程是其迭代开发模式最好的体现。

第一个版本的功能十分简单，仅能通过微信公众号实现所拍照片的上传。显然，只具备素材收集功能的产品并不能做到真正意义上的"洞察"。为此，IT 团队就产品进行了升级，专门开发了微信小程序，提高与客户的交互能力。可在运行一段时间后，客户又提出仅支持基于图片收发的交流也依然不满足要求。于是团队找到负责企划的同事，经过一番深入交流，这才了解到客户需要的是做用户调研时的一整套工具。因此到了第三版，产品在原图文的基础上又增加了问卷收发的功能。而也就在不久前，通过与客户沟通，团队发现，尽管上述改良在一定程度上使功能不断完善，但仍没有抓住客户的核心需求——通过收集的用户数据去企划产品，为产品研发赋能。由此整个 IT 团队又陷入了对新一代软件产品的思考……也正是在这样不断迭代的过程中，IT 团队真正摸清了用户最真实、最深层、最核心的需求，从而一步一步让产品更加符合市场的需求，提高产品竞争力。

资料来源：根据访谈资料整理。

数字能力如何带来竞争优势

本书开篇曾提到数字能力是用来唤醒沉睡的数字资源并发挥其宝贵价值的能力，是一种点石成金的能力。但是需要注意的是，数字能力本身并不能带来竞争优势，数字能力往往需要与数字资源相结合才能使企业具备持续的高竞争力。接下来，我们从数字能力如何改变价值创造模式、价值获取模式和竞争方式这三个方面来讨论数字能力如何帮助企业获取和保持竞争优势（见图 3-4）。

数字能力改变价值创造模式

数字能力改变价值获取模式　　　　数字能力改变竞争方式

图 3-4　数字能力助力企业获取竞争优势的方式

● **数字能力改变价值创造模式**

　　数字化的特性带来了从信息中创造价值的新机遇。企业通过自身的数字能力，把商业模式投射到数字资源上，将数字资源转化为独有的有价值的资源。例如谷歌和脸书坐拥海量的、多元的、及时的用户信息，它们凭借这些数字资源成为最大的广告商，为其他企业提供用户信息来帮助它们进行精准营销和潜在客户的开发，从中获取高额的收益。数字能力通过配置数字设施以低人工干预的方式感知和捕捉信息。比如使用智能组件升级原本的硬件组件，包括增加传感器、微处理器、软件应用程序、数字用户界面等为收集关于产品状况和客户使用产品的操作信息提供新的可能，成为新的价值创造方式。此外，机器学习、算法等使得用户信息可以及时、准确地被反馈给企业，并从中提取出有效数据作为改进产品的训练集数据，通过对数据的学习，提升产品性能，从而提升产品在市场中的占有率，为企业创造更多的经济价值。同时，机器学习作为一种重要的数字能力，还提高了搜索引擎的搜索质量，能够使数字平台更好地服务客户、匹配互补者，使平台变得更加智能化，巩固平台在生态系统中的地位，更好地创造经济价值。

● **数字能力改变价值获取模式**

数字战略使人们更加关注多样化收入模式的重要性。传统的商业模式比较简单，谁享受价值谁就支付，组织主要通过产品的差异化或者成本优势来获取商业价值。而数字企业的商业模式是多样化且多层次的，公司在一个层次中提供某些产品或服务，以在另一个层次中获取价值（详见案例聚焦3–3）。数字经济时代，传统企业如卡车制造商也不是仅仅向客户销售卡车来获取价值，更有销售租赁协议或车队管理服务。这样的服务要求卡车制造商使用数字能力构建数字平台来整合它们的产品、服务和其他支持流程。

案例聚焦 3-3

谷歌安卓商业模式

谷歌进入手机市场是基于免费提供安卓系统，并通过其影响和控制广告的能力来获取收益。谷歌公司凭借其数字能力开发出初始的安卓系统，但是当时塞班（Symbian）系统拥有最大的市场规模，苹果的iOS系统也非常成熟。为了能够更好地推广安卓系统、抢占市场份额，谷歌被动地选择了开源的方式，免费开放它的系统，拉拢了大量的手机厂商以及移动运营商组建自己的联盟（后成为生态），并且由生态系统中所有群体参与迭代，保障系统的领先性。谷歌在确立它在生态系统的中心地位后，仍然坚持免费与开源，进一步巩固安卓生态系统在手机操作系统中的地位。

但是谷歌在另外一层中通过广告和安卓催生出来的一些谷歌服务和应用（如谷歌移动服务，GMS）向用户收取费用，获取经济收益，2019 年，谷歌在欧盟市场规定，对欧盟手机厂商进行收费，安装 GMS 服务的手机每台收费 40 美元。因为国外严重依赖 GMS 服务，所以手机厂商只能乖乖掏钱。GMS 并不是一次性的安装费用，根据 GMS 的迭代，手机系统升级等 GMS 服务也要认证收费。谷歌从手机操作系统层面巩固生态系统地位，在 App 和广告层面获取价值[1]。

资料来源：根据网络资料梳理。

● 数字能力改变竞争方式

工业时代强调的是满足客户需求，企业需要用比较优势去和其他企业竞争；而在数字经济时代，重要的是创造顾客价值[2]。这是一个根本性的差别。当关注的是如何创造顾客价值时，企业应该去考虑与谁合作、与谁连接以获取更大的生长空间。因此，企业的战略逻辑应从竞争逻辑走向共生逻辑。在数字经济时代，企业之间的竞争已经升级到所处的生态系统之间的竞争（详见第 8 章内容），在生态系统中，共

[1] 安卓系统是免费开源的，那么谷歌怎么靠安卓赚钱？[EB/OL]. (2020-10-25)[2020-12-19]. https://baijiahao.baidu.com/s?id=1681515053027625181&wfr=spider&for=pc.

[2] 陈春花. 数字化时代战略从竞争逻辑转向共生逻辑[EB/OL].(2019-11-06)[2020-12-17].https://www.sohu.com/a/352051606_160257.

生会大于竞争。美国电视节目的竞争就是一个很好的例子（详见案例聚焦3–4）。数字能力使得企业可以在多个市场创造机会，随着这些能力跨界进入新市场，行业边界变得模糊，因而重新定义了企业之间的竞争关系，竞争越来越少发生在行业内的相似企业之间，更多地发生在跨行业之间，甚至是原本的合作伙伴之间。比如原本是合作伙伴的阿里巴巴与顺丰快递，随着淘宝业务量的增长，阿里巴巴进军快递行业，成立菜鸟快递与顺丰进行竞争。

案例聚焦 3-4 ☼

美国电视行业竞争模式

在传统的观点当中，美国的 HBO（Home Box Office）有线电视公司的合作伙伴是信号传输公司，它的竞争对手是 AMC（美国经典电影有线电视台）之类的公司。然而随着数字能力的介入，媒体行业发生了变革。HBO发现，NetFlix（美国奈飞公司）作为在线影片提供商跨界成了它的竞争对手。由于电视行业的边界发生了改变，HBO 必须与原有的合作伙伴去竞争可用的资源，而且它们自己的影视明星也成了竞争者，因为明星可以选择与 NetFlix 等公司合作，在上面进行直播。与此同时，美国三大广播公司原本应该是相互竞争的关系，但是它们转而合作创立数字平台 Hulu，将它们的节目放在 Hulu 上播放，获取广告收入和订阅收入。

资料来源：数据大家．【数字化战略 1/4R】平台模式重新定义企业之间的竞争关系 [EB/OL]．(2019-11-14)[2020-12-19]．https://www.sohu.com/a/353646505_99934777.

打造数字化组织

什么是数字化组织？

前面两节中，我们分别讨论了数字资源和数字能力如何带来竞争优势，而事实上，无论是数字资源还是数字能力都是嵌入在组织当中的，脱离了组织就不存在数字资源带来优势或者运用数字能力去管理资源的情景。因此，这部分将对数字化组织展开简单讨论。

数字战略需要企业在组织维度做出一些改变以适应其战略的实施，往往单独成立一个数字化部门是远远不够的。因此，企业需要打造数字化组织以更好地实施数字战略。我们在这里将数字化组织定义为，为适应高度不确定环境而打造出来的灵活的、拥有数字能力的组织架构（数字化组织的具体类型、特点和适用场景将在第 10 章中展开详细讨论）。

传统环境相比于现在的数字化环境是相对静止的，组织可以是独立于环境的。而数字环境变化太快，我们必须在进行组织管理时，把时间作为一个重要的变量，组织需要变得更加灵活以适应环境的持续变化。具体来看，数字化组织主要有以下三个特点①。

● 组织架构扁平化

传统企业中组织往往是科层制的，专业分工，各功能部门之间界限分明。为了满足新的竞争模式、支持新的商业模式，不少企业都意

---

① 忻榕. 数字化企业，需要具备五项基本能力[EB/OL]. (2020-06-14)[2020-12-23]. https://www.hbrchina.org/2020-06-14/8112.html；陈春花.数字时代化组织管理的新逻辑[EB/OL]. (2018-07-23) [2020-12-28]. https://baijiahao.baidu.com/s?id=1606732375443017164&wfr=spider&for=pc.

识到要打破原有的部门界限，使各个部门之间的协调更顺畅、更高效，从而使得企业的运营更有效率。这种扁平化的模式消除了原有的中间层次管理，直接对最终目的负责，以协作的优势赢得市场主导地位。

● 边界模糊

为了使得组织可以支持新的商业模式，越来越多的组织会延伸到生态中的上下游以实现协同与共生，从而共同推进项目发展。这个"跨边界"组织中可能会存在生产、销售、物流、设计等跨产业链上下游的各个企业。因为竞争方式的改变，它们需要更加高效地协同，因此各个组织之间的边界变得更加模糊。

● 动态化

前文中提到数字化环境在不断改变，数字组织使得团队成员可以随时随地进行合作，让具有多元专业知识和背景的团队成员能够碰撞出更多火花。数字化组织中团队会以项目的形式存在，在项目结束之后会解体，队伍是动态的，会根据市场需求动态组合，这样才能跟上外部环境变化的步伐。此外，随着在线协同工具的使用，工作协同将围绕目标而不是职位来展开，很多组织不再是"自上而下"设计，而是"自下而上"催生。

数字化组织如何带来竞争优势

任何资源或者能力都需要由组织来框定，以使其能够发挥应有的作用。因此，作为数字战略的重要组成部分，重塑组织架构势在必行。改变组织架构的目的是改变数据和组织内部技能的传输和分享机制，使数据在整个组织上下层级与左右智能层级间高效传输、共享，使技术能力能够高效地在组织内部分享。我们认为，重塑组织架构来帮助企业获取竞争优势的方法有三种，即基于已有数据资源进行合理规划、构建数据平台盘活现存资源、寻找新机遇拓展数字化边界。第 10 章将具体展开讨论这三种方法的作用机理及应用场景。我们将在本节中讲述一个数字化组织带来竞争优势的例子。

为了提高对需求的响应速度，以产品为中心的平台不断涌现。通过建立起以产品为前台、数据为中台、服务能力为后台的"三台组织"，满足不断变化的客户需求。简单来说，数字中台就是使用一个技术平台，打通企业所有的业务流程，汇聚企业所有的数据，并将之反馈给前端产品。通过强化整个企业的信息和数据处理能力，以前依靠人力进行的信息传递，现在通过互联网与数据中台就可以很容易实现。在传统企业中，波司登公司构建数据中台，以及飞鹤通过与阿里云合作部署数据中台的案例（详见案例聚焦 3–5）极具代表性。从 2015 年开始，波司登开始谋划建立新的零售系统架构，利用企业级互联网架构技术搭建"零售云平台"，并于 2016 年初开始建设，5 个月之后实现实时监控全国 3000 多家门店的库存和销售数据，能够让产品在需要的时候到达各个门店，以满足消费者的需求[①]。

案例聚焦 3–5

飞鹤部署数据中台

飞鹤成立于 1962 年，是中国婴幼儿配方奶粉研发和生产制造企业。随

---

① Kant.数字化时代：组织架构敏捷比业绩更重要![EB/OL]. (2019–07–10) [2020–12–08]. https://www.sohu.com/a/325994010_505816.

着品牌的扩张、渠道掌控力的增强、营销模式的多样化，飞鹤在企业内部数据管理方面产生了很多新需求，如客户数据分析、营销管理等，数据中台能够较好地帮助飞鹤解决上述的问题。

2019年，飞鹤率先与阿里云达成合作，启动业内第一家数据中台建设项目，并在营销侧全面上线运营。飞鹤数据中台建设分三个阶段进行，目前已完成第一阶段。第一阶段以消费者服务和门店销售为核心，规划九大业务场景，满足四大核心需求，实现全渠道数据互联。

第一阶段数据中台部署在飞鹤实现了同源、敏捷、预知、倒推、双向等数据能力。

同源：统一数据源，让企业各个层级对同一业务情况达成统一认知。

敏捷：提升算力，可以连续动态地掌握业务情况，加强精细化数据管理。

预知：预知风险，发现问题和机遇，如：不同地区不同渠道增长现象异常。

倒推：数据贯通，打破业务板块的壁垒，意识到业务流程上的问题，倒逼业务平台层优化。

双向：通过数据价值赋能业务前端，同时业务数据回流，形成双向闭环。

资料来源：阿里云数据中台架构介绍[EB/OL].(2020-08-17) [2020-12-25] .https://www.docin.com/p-2432669519.html.

规模经济、范围经济与速度经济

第 4 章

规模经济

一直以来，通过规模扩张实现较低成本、高性价比来赢得市场，是众多企业寻求发展的重要途径。所以，在战略管理领域，追求规模经济（economics of scale）成为企业获得竞争优势的重要战略之一[①]。20 世纪初，福特通过引入流水线生产实现了大规模生产，以较低的平均成本生产大量汽车，从当时的汽车行业中脱颖而出。在汽车制造、石油化工、家用电器、机械制造等许多行业，由于规模经济性的存在，大企业往往拥有较强的市场势力，成为市场的主导者，还形成了围绕龙头大企业开展业务分工协作的产业体系。成为区域和国家经济发展的重要产业组织形式。

但是，想要达到长期平均成本最低点绝非易事，需要企业投入大量的

---

① Christensen C M. The past and future of competitive advantage [J]. MIT Sloan Management Review, 2001, 42(2): 105-109.

设备、人力、资金等固定成本。这些投入成本也转化为行业的进入壁垒，具有规模经济性的在位者对潜在进入者构成了先发的位置优势，尤其是市场容量并不大的行业很可能只能容纳少数几家大公司，否则就会出现为抢占市场份额而惨烈竞争的情况。同时，随着企业规模的扩大，企业也可能陷入"规模不经济"中。企业规模不断扩大，超越了规模经济性的临界点，导致运营和管理的复杂性和成本上升，企业的成本优势反而减弱。现实中，有些企业的"大企业病"也是由规模不经济性所导致的。

数字经济时代，数据成为一种新型生产要素，也成为调控其他生产要素的重要媒介，为企业实现规模经济带来了新的路径。即使是中小企业也能够快速实现规模经济，尤其是数字平台企业，当突破某一用户规模临界点后，其价值会呈现指数级增长。

那么，在数字经济时代下，传统战略中的规模经济究竟发生了什么改变？企业又如何在数字世界中实现规模经济？针对这些问题，本章首先分别从供给端和需求端介绍传统战略中的规模经济和规模不经济；其次从数据作为一种生产要素和数据调控生产要素两个方面，对数字战略中的供给端规模经济特征进行刻画；最后探讨数字战略中的需求端规模经济，对如何提升数字平台企业网络效应的防御力，以及传统企业如何利用数字平台网络效应进行自身竞争优势的建立和维持进行探索。

图4-1总体上阐述了数字经济时代企业规模经济的内涵与类型，包括供给端规模经济和需求端规模经济（或网络效应），前者可以进一步分为内部规模经济和外部规模经济，后者可以进一步分为直接网络效应和间接网络效应。数字经济时代，数据自身就是一种重要的生产要素，影响着企业规模经济性的实现；同时，数据又可以调控其他生产要素，进而影响企业

的规模经济性状况。在数字经济时代，由于数据可以重复使用，边际成本较低，因此规模不经济性没有传统经济背景下那样突出。但是，应用和管理数据也需要一定的成本，所以，企业也需要考虑规模经济性的合理点。

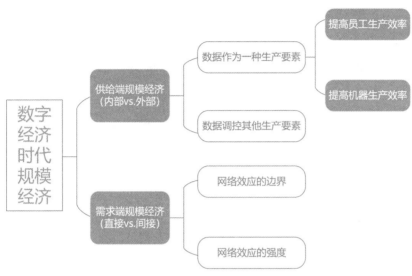

图 4-1　数字经济时代的规模经济

传统战略中的规模经济

规模经济的定义

规模经济是现代企业理论研究的重要范畴，《新帕尔格雷夫经济学大辞典》中对规模经济的定义为："考虑在既定技术条件下，生产一单位单一或复合产品的成本，如果在某一区间生产的平均成本递减，那么就可以说有规模经济。"波特将规模经济分为供给端规模经济和需求端规模经济，并认为它们是形成行业进入壁垒的重要因素，对企业竞争优势有着重要影响[1]。

● 供给端规模经济

供给端规模经济是我们通常所说的规模经济。当企业在生产要素投入增加的过程中，产出增加的比例超过了投入增加的比例，单位产品的平均成本随产量增加而降低时，企业便拥有了供给端规模经济。

供给端规模经济可以进一步分为企业内部规模经济和外部规模经济。企业内部规模经济指内部规模扩大带来的总体收益增加。这是因为企业在生产过程中需要投入一定的固定成本，比如生产设备、工作场地、研发等。在一定的产量范围内，随着产量增加，固定成本保持不变，新增产品能够帮助分担固定成本，使得长期平均成本下降，总经济效益增加。企业内部规模经济在许多制造行业比较突出，比如汽车、通用设备、印刷、服装等行业。

企业外部规模经济指的是行业规模变化带来的行业内各企业的收益增加，也称行业规模经济。同一行业在某一地区聚集会带来行业内平均成本下降，包括集聚带来的同一行业内各企业间相关劳动力、技术、设备等获取和使用成本降低，企业间的知识溢出，以及周边配套基础设施建设和政策环境的提升所带来的企业成本节约。比如浙江温州柳市的低压电器小镇、江苏吴江盛泽的丝绸之都等，都是行业规模经济的代表。

---

[1]　Porter M E. The five competitive forces that shape strategy [J]. Harvard Business Review, 2008, 86(1): 78−93, 137.

● **需求端规模经济**

　　需求端规模经济也被称为网络效应[1]。如果说供给端规模经济是生产规模的扩大带来平均成本的下降，那么需求端规模经济则是需求规模的扩大带来平均价值的提升。

　　正如《数字创新》一书中所详细介绍的，网络效应可以分为直接网络效应和间接网络效应。直接网络效应指某一产品对一类用户的价值取决于该产品同类用户的数量，也称同边网络效应。比如使用电话的用户越多，电话的价值就越高。间接网络效应指某一产品对于一类用户的价值取决于该产品另一类用户的数量，也称跨边网络效应。比如信用卡的持卡人，只有当接受该信用卡消费的商家数量增加时，信用卡的使用价值才更大，因为该信用卡可使用的范围扩大了。

　　图 4-2 展示了规模经济的含义与类型。

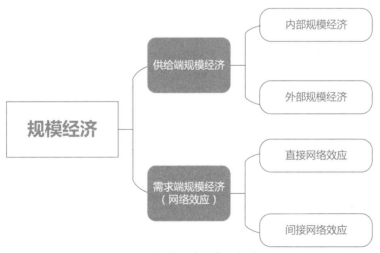

图 4-2　规模经济的含义与类型

_____

[1]　具体定义已在第2章中进行阐述，本章就不再赘述。

规模不经济

虽然大企业更容易获得规模经济带来的竞争优势，但企业规模的不断扩大也可能导致规模不经济。规模不经济也可分为供给端规模不经济和需求端规模不经济（见图4-3）。

● 供给端规模不经济

供给端规模不经济，同样可以分为企业内部不经济和外部不经济。企业内部不经济指企业规模扩大带来的管理效率降低、销售费用增加等，这些都会导致长期平均成本的上升，带来内部规模不经济。企业外部不经济指行业规模扩大导致行业内企业长期平均成本上升。其根源在于行业规模扩张导致的企业外部环境恶化，比如行业内部激烈竞争导致的资源争夺、生产需求增加带来的要素价格上涨，以及大量生产企业聚集造成的周边环境污染和交通运输紧张等问题。

● 需求端规模不经济

需求端规模不经济指的是某一产品或服务的价值随使用者数量的增加而下降。直接负向网络效应指某一产品或服务对于一类使用者的价值随着同类使用者数量的增加而下降。比如在同一条宽带网络上，每增加一个使用者，就会降低其他使用者的网速和使用感，相信这点大家都深有感触。而间接负向网络效应则是指某一产品或服务对于一类使用者的价值随着另一类使用者数量的增加而下降。比如，电商平台上随着卖家数量的增加，假货的数量也可能随之增加，导致买家消费体验下降和利益受损，该电商平台对买家的价值就会随之下降。由此可见，负向网络效应会导致网络所有者的用户数量减少甚至导致网络崩溃。避免负向网络效应、维持正向网络效应是网络所有者重要的战略目标。

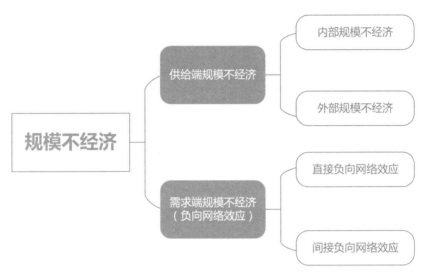

图 4-3　规模不经济的含义与类型

数字战略中的供给端规模经济

第一篇已经对数据作为一种新的关键生产要素的特征和影响做了深入讨论，明确了数据作为一种新型生产要素具有边际成本极低、规模报酬递增显著等特征，对企业规模经济具有重要影响。同时数据也可指导和配置企业间生产要素，使得企业在市场需求多样化和个性化的今天，也可以快速建立供给端规模经济，获得竞争优势。

数据作为一种生产要素

● 助力提升员工生产效率

　　数据网络效应强调企业可以通过用户数据的"聚合"，创造巨大价值。事实上，企业也可以通过对生产端数据的"聚合"，改进生产流程，大幅提升企业的生产效率。一方面，企业可利用数字软件和智能设备记录员工的工作状态和情况，及时发现问题，调整员工的任务分配和安排。比如，有些企业利用门禁人脸识别系统记录员工上下班时的面部表情变化，识别员工工作的心情和心理状态，继而通过数据分析判断不同时间段、不同生产和业务阶段员工的状态变化。若某段时间员工整体心情状态和工作完成度都欠佳，可及时发现问题，从而进行工作任务调整。另一方面，企业通过将生产流程和管理流程数字化，大幅减少员工手工填报材料的情况，缩短行政审批流程，促进员工之间的协调沟通，削弱由企业规模扩大带来的管理效率下降等问题。此外，企业还可以将员工的工作时间与流程相挂钩，通过数据分析不同环节员工所花费的有用时间和等候时间，从而及时调整和改进生产或管理流程，节约员工时间，有效提升员工的工作效率。

● 助力提升机器生产效率

　　目前，许多制造业企业进行了数字化转型，致力于打造智慧工厂来提升机器生产效率。制造业企业转型智慧工厂一般经历三个阶段：数字化、网络化和智能化。

　　第一，数字化阶段。企业对生产机器和设备进行改进，通过按照各类传感器或智能控件，及时、准确地记录生产过程中的机器工作情况和流程进度情况，将工业制造主要过程数字化，产生大量数据。

第二，网络化阶段。企业将传感器搜集的数据跨时空传输到企业内部部门和外部工业云中，将内部各部门和外部合作伙伴相连接。

第三，智能化阶段。利用人工智能、区块链等技术，对海量数据进行汇聚、提炼和模型计算，分析、预测和显示生产设备的运作情况，并智能优化生产流程和企业内外资源分配，减少机器闲置时间，提高生产效率，降低生产误差，优化供应链管理，提升仓储和物流配送效率。利用数据将人、机、货相匹配，通过智能化手段提高企业生产效率。

数据具有可重用性，相同数据能以极低的成本反复被使用，且在重用过程中，价值越来越大。人工智能利用机器学习和深度学习对已采集的数据进行重用，反复进行模型测算和改进，直至分析推算出最优解，更为准确地预测未来趋势，从而帮助企业及时、精准地优化自身生产、仓储、物流配送和管理过程。

数据调控其他生产要素

数据不仅可以作为一种生产要素帮助企业在数字经济时代实现规模经济，同时也可以指挥、调控企业间的生产要素，帮助生态系统获得规模经济。传统规模经济通过标准化提升生产效率，降低边际成本和单位成本。而在数字经济时代，即使是在消费者需求多样化和个性化的情况下，企业仍可以通过数字化手段对消费者需求进行分类、整合和标准化，并在生产环节进行人、机、货自动匹配，实现生产过程中的定制化，保持供给端规模经济。衣邦人便是一个通过数字化实现规模经济并从中获益的典型案例（详见案例聚焦 4-1）。

案例聚焦 4-1 ☀

数字化助力服装定制行业实现规模效益

衣邦人成立于 2014 年，独创"互联网＋上门量体＋工业 4.0"C2M（customer-to-manufacturer，用户直连制造）模式，专注于打造服饰定制供应链和服务链，成为国内服装定制的标杆品牌。截至 2020 年，已在全国先后开设 50 多家直销网点，累计预约客户突破 160 万人次，连续两年入选"准独角兽企业榜单"。

衣邦人是一家"根正苗红"的数字经济企业，利用自身数字化能力打通产业链，一方面连接广大顾客的定制需求，另一方面连接服装定制实体工厂。衣邦人主要服务商务人士，顾客通过互联网免费预约着装顾问上门量体，顾问提供服装定制方案与建议。顾问根据顾客需求进行订单设置和下单，业务中台接到订单后分配给合作工厂，合作工厂根据订单要求进行生产和发货。整个流程都实现了一定的标准化和数字化，使得本来最难实现规模经济的定制行业获得了规模经济收益。

具体来看，首先，衣邦人将定制需求标准化。衣邦人所提供的产品为商务装，与普通的日常衣服相比，款式较为简单，这为标准化定制创造了条件。衣邦人将衣服进行模块化，比如一件西装，将领子、门襟、下摆、袖子、纽扣等分解开，成为不同的模块组件。顾客根据自己的喜好和顾问的建议分别选择"组件"，顾问在订单系统中分别选择不同的组件、面料和颜色，并录入顾客的身材数据。如此，衣邦人一定程度上实现了定制需求的标准化。

其次，衣邦人将订单生产环节标准化。对于每个产品品类，衣邦人都会精心选择数家服装定制工厂合作，利用自身数字化能力帮工厂进行数字化转型。衣邦人推出了自动推版及云裁剪软件，实现了数字化板型和裁床的连接，推动每道工序工艺的在线化，帮助生产工厂降本增效。老牌知名服装制造企业庄吉是衣邦人的西服合作供应商，衣邦人帮助这家传统劳动密集型企业进行了数字化改造。在庄吉的"智能数据运营中心"，显示屏上实时显示今日新增订单、订单金额、订单品牌、客户区域、生产车间等信息。在智能生产车间，服装生产所需的物料都贴有各自的身份牌，并从智能仓库自动运输到自动裁床上进行自动裁剪。流水生产线上，每一个工位都有自己的编号和各类传感器，裁剪后的每一块西装裁片都会被挂上编码投放进流水线中，并根据款式、板型、工艺、面料的不同自动找到设备。工人通过扫描编码便可获知要求，根据要求进行缝合。最后，同套西服的上衣和裤子在入库前自动匹配，送入仓库。通过智能改造，人、机、货的信息相互匹配和交流，实现柔性化生产，生产效率提高 5 倍以上，运营成本降低 25% 以上[1]。

而作为连接顾客定制需求和供应商定制生产的中台系统，衣邦人也实现了智能匹配和连接。虽然顾客的定制需求是多样的，衣邦人将所有的订单进行汇总并进行订单顺序优化，根据款式、面料、工艺等相似度进行分类和排序，然后根据合作供应商的生产情况进行分配。因此，虽然每位顾客的需求存在差异，但合作供应商接收的订单依然具有一定的规模和同质

---

[1]　卢恩伟，黄雯凤. 深度|衣邦人："服装定制"撬动产业链"数字化"[EB/OL]．（2020-07-24）[2020-12-31]. https://www.sohu.com/a/409459767_264933?_f=index_pagefocus_5.

性，帮助供应商降低切换不同生产工艺要求带来的成本。衣邦人依靠数字化能力，利用数据智能调控和配置合作供应商的生产要素，帮助生产工厂降低生产成本，提高生产效率，使得整个生态体系实现规模经济。

资料来源：根据访谈资料和公开资料梳理。

类似衣邦人这样的模式正在受到越来越多企业的欢迎。数据成为生态中心企业协同供需两端、实现生态整体规模经济的重要工具。对供应商合作伙伴可以依靠数据提升自身生产效率，降低生产成本。生态中心企业只要拥有较强的数字化能力和协同能力，即使没有自己的生产工厂和设备也可以保障稳定和及时的产品供应。而制造企业即使规模较小也可以通过依附、参与生态系统获得收益。

数字战略中的需求端规模经济

《数字创新》一书讨论了数字平台崛起的经济逻辑，认为数字平台能够利用互联网快速聚集一大批用户，并通过协调用户间跨时空的交互，激发网络效应并获得竞争优势。如何激发并维持网络效应成为数字平台企业重要的战略目标，事实上，如何利用平台的网络效应也成为传统企业在数字经济时代新的战略抉择。在讨论数字平台和非数字平台企业分别如何通过网络效应来获取和维持竞争优势之前，我们先了解一下网络效应的边界和强度问题。

网络效应的边界和强度

平台的网络效应会存在边界和强度差异，这也是为什么有些平台能够成功，而有些平台却只是昙花一现[①]。

● 网络效应的边界

网络效应存在边界，受到外部环境因素和平台内部因素的影响（见图4-4）。外部环境因素影响平台所支持的用户交互内容能否跨边界扩散，包括地理环境、政策制度、语言文化等因素。虽然数字平台能够不受到地理环境限制进行规模扩散，但对于一些平台而言，只要平台内所提供的服务受到实物的地理位置限制，网络效应就会存在地理边界。

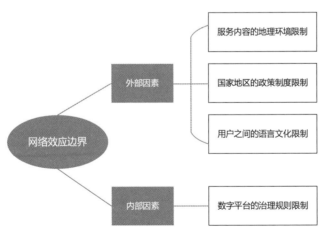

图 4-4　网络效应边界的影响因素

---

① Zhu F, Marco I. Why some platforms thrive and others don't [J]. Harvard Business Review, 2019(1): 118-125.

例如滴滴平台的网络效应是有地理边界的，居住在杭州的用户只关注杭州有多少滴滴司机而不会在意北京有多少司机师傅，北京的滴滴司机并不能为杭州的用户提供乘车服务。此外，数字平台的网络效应边界也会受到政策制度和语言文化的影响。比如中国对国外网站的访问存在限制，因此这些平台无法将其网络扩张至中国。进一步，语言文化的差异也会使得全球性数字平台内部网络效应存在分层，比如推特（Twitter）上的日本用户可能只关注有多少日本用户或能够用日语交流的用户，而不在意韩国用户、英国用户有多少。

数字平台自身治理规则也会影响其网络效应的边界。例如，亚马逊平台可以分为北美站、日本站、欧洲站等，对不同国家站点实施不同规则，在北美站开设店铺的企业无法将商品销售至日本，因而也无须关注日本站有多少消费者。同样，使用北美站的消费者通常也不关注日本站上有多少商品。自身制定的规则使亚马逊自身的网络效应存在地理边界。

网络效应边界的存在影响同类平台的进入门槛和战略选择。拥有网络效应边界的平台需要在不同地区分别形成和维持网络效应。而网络效应边界较模糊的平台则需要考虑是否人为设置边界及如何消除边界。

● 网络效应强度

网络效应强度指的是随着使用某一产品或服务的用户数量增加，该产品或服务的价值提高的程度。不同平台的网络效应强度不同，当网络效应强度较大时，平台所提供的价值将随着用户数量的增加而急剧提高。网络效应强度也是动态变化的，因此，数字平台之间的竞争不单单是比拼网络规模，而更在于能否长期维持较强的网络效应。这一方面取决于新增加用户对于其他用户的价值大小。微博新增一个普通用户，对于其他用户的价值提升影响不大，但如果一位当红明星入驻微博，则对其他用户，尤其是其粉丝的价值提升影响较大。另一方面还取决于平台对于双边用户间附加价值的创造。若电商平台只提供商品交易的功能，则对于卖家和消费者的价值都有限，若能提供其他附加服务，则更能提高买卖双方对彼此的价值，提升网络效应强度。

淘宝平台不仅是一个商品交易市场，它还为商家和消费者提供各类服务，包括商品评论、问答、直播、粉丝群、智能推荐、后台管理等功能，不断促进各方用户和主体间的互动，在让消费者获得更好的消费体验的同时，也让商家能够收获更高利润，这有效地提高了淘宝平台内的网络效应强度，吸引更多商家和消费者加入。

提升网络效应的防御力

由于数字产品传播的便捷性，网络多栖，即用户同时参与多个网络的现象十分普遍。比如，一个人可以同时是淘宝、拼多多、京东等电商平台的会员用户，也可以同时使用微信、钉钉、Zoom 等社交软件与朋友、同事进行交流和沟通。当然，企业也可以同时在多个电商平台开设店铺。对于数字平台主，当平台内的多边用户同时参与多个同类平台并提供同质产品、服务和内容时，平台将失去独特性。因此，维持网络效应、提高自身网络效应的防御力是数字平台企业建立可持续竞争优势的关键。在本章，我们准备了两大攻略来助力数字平台提升网络效应的防御力和战斗力（见表 4-1）[①]。

表 4-1　建立可持续竞争优势的网络效应

攻略	概念	策略
提高用户转换成本	当用户必须承担高昂的货币或非货币成本来使用竞争性平台以享受相同价值时，用户的转换成本较高	制定有关规则
		提供独特服务
		协同多网络
提高用户间交互转换成本	当用户与平台内其他参与者建立交互关系后，需要花费较大成本在竞争性平台建立相似交互关系时，用户间交互转换成本较高	增加需求精准匹配功能
		建立用户间信任
		小心"去中介化"风险

● 攻略 1：提高用户转换成本

　　用户为了从平台相关服务中获取更高价值，需要投入时间、精力、金钱等。如果用户参与其他同类型平台，使用相关服务获取相同价值所需的再次投入较大，那么其转换成本便会较高，用户可能放弃使用其他平台。比如，习惯使用安卓系统的消费者，如果要使用 iOS 系统则需要再花费数千元购买一个 iPhone，并花时间和精力去习惯 iOS 系统的使用方法，这可能会让他们放弃换到 iOS 系统的想法。对于平台主来说，如果能够提高网络中一方或多方的转换成本，便可以降低用户网络多栖的可能性，从而提高网络效应的防御力，保持自身的独特竞争优势。这可以通过制定有关规则、提供独特服务和协同多网络等

[①] Hagiu A, Wright J. How defensible are Zoom's network effects? [EB/OL]. (2020-12-15)[2021-02-01]. https://platformchronicles.substack.com/p/how-defensible-are-zooms-network.

策略实现[①]。

1. 制定有关规则

数字平台，特别是开放式创新平台，可以利用自身独特的技术规则和数字系统，提高参与者的转换成本。比如 iOS 和安卓系统技术架构不同，软件开发者需要分别学习两种系统的编码方式和环境，无法将适用于 iOS 的软件直接迁移至安卓系统，且安装在 iOS 系统中的软件和安装在安卓系统中的软件需要分别维护，因此对于软件开发者而言，其转换成本较高，资源受限的开发者可能只会选择其中一种操作系统开发软件。除了技术架构的限制外，平台也可以制定独特的准入和退出规则，锁定参与者。一些游戏平台如 Xbox、Steam、PS4 等会与一些游戏开发商签订独家代理协议，规定该游戏只能在此平台中发布和运营，使得玩家只能购买该平台的产品和服务。同时，这些平台也会通过与数字设备的绑定来提高用户转换成本，使用 Xbox 的玩家需要花费较多金钱购买 PS4 设备才能体验其平台的游戏，这就使得 Xbox 的网络效应护城河难以撼动。

2. 提供独特服务

平台可以通过增加功能、提供独特服务、提高用户使用平台内服务的频率来提高转换成本。比如亚马逊会提供仓储和配送服务，企业参与亚马逊平台无须自行寻找当地仓库和物流配送，消费者也可以享受到亚马逊及时、安全的配送服务，这使得亚马逊与其他电商相比具有独特的竞争优势。

[①] Zhu F, Marco I. Why some platforms thrive and others don't [J]. Harvard Business Review, 2019(1): 118-125.

3. 协同多网络

有些数字平台主可能拥有多个网络，联通和协同不同网络创造更强的网络效应是其获得持续竞争优势的关键。一般而言，同一个数字平台主所拥有的多个网络的价值主张存在差异，数字平台主可以通过在不同网络之间创造接口激发网络之间的协同效应，让不同网络为用户创造单个网络无法提供的价值，从而使整个平台生态系统获得独特竞争优势。阿里巴巴集团旗下拥有多个，比如提供商品交易服务的淘宝、提供金融服务的支付宝、提供社交功能的微博、提供外卖服务的饿了么、提供视频娱乐服务的优酷网等。阿里巴巴通过将不同平台相互打通使其彼此协同，让消费者可以在阿里体系内享受一站式服务，满足衣食住行等日常活动的各项需求。阿里巴巴也因此搜集到了更全面的用户数据，支持自身、合作伙伴和参与企业的战略决策和未来发展，共同为消费者创造更大价值，从而建立和维持强劲的网络效应，获得持续竞争优势。

● 攻略2：提高用户间交互转换成本

当用户与平台内其他参与者建立紧密联系后，他们可能不会轻易再参与其他竞争性平台，因为他们可能需要再次花费大量成本与其他平台内的参与者建立相似的交互关系。比如，虽然消费者切换使用淘宝和拼多多的成本不高，但当消费者与淘宝上某些卖家建立信任关系后，可能就难以信任拼多多上不认识的卖家并购物，即使他们都销售同种产品。因此，用户可能依然会选择使用淘宝来寻找符合自己需求的卖家。对于参与企业来说也是一样。

所以，提高用户间交互转换成本可以使已在该平台内与他人产生交互的参与者难以轻易切断关系、转换其他平台，这也是数字平台维持自身网络效应的一剂良方。具体地，数字平台主可以通过提高用户需求匹配精准度、建立用户间信任等措施来提高该类成本，同时也需要注意"去中介化"的风险[1]。

1. 提高用户需求匹配精准度

提高用户间交互转换成本的一个方式是提高匹配精准度，使得用户可以快速发现他们感兴趣的内容和目标对象。例如：今日头条可以根据用户的浏览数据，精准匹配和推送符合其兴趣和喜好的内容；微博也可以根据用户的兴趣特点，推荐其他相关用户，帮助用户快速发现同好和建立联系，一旦用户在微博中与众多朋友建立交互关系，这些交互关系就会帮助平台牢牢锁住用户，使他们不会轻易去使用其他类似平台，否则就需要花费大量精力和时间重新建立新的交互关系。

2. 建立用户间信任

由于数字平台上所有的交互都发生在虚拟环境中，用户不知道对方到底是什么人、交易的产品到底是怎么样的，存在极大的信息不对称性，消费者可能面临比线下交互和交易更高的不确定性。因此，如何建立用户间信任是数字平台主建立和维持网络效应时需要重点考量的问题。

建立用户间信任的关键是确保用户在平台上展示的信息是真实可靠的。首先，平台可以限制一些资质不良的参与者进入平台，为建立

---

[1]　Hagiu A, Wright J. How defensible are Zoom's network effects? [EB/OL]. (2020-12-15)[2021-02-01]. https://platformchronicles.substack.com/p/how-defensible-are-zooms-network; Zhu F, Marco I. Why some platforms thrive and others don't [J]. Harvard Business Review, 2019(1): 118-125.

用户信任关系奠定基础。比如企业入驻亚马逊需要上传一系列企业资质证明和产品检测证明，只有审核通过的企业才能上架产品，同时在产品页面也会向消费者显示资质证书。有些平台也会邀请第三方机构来进行认证和背书，比如阿里巴巴国际站与莱茵集团合作，莱茵会对国际站上的参与企业进行第三方认证，认证过的企业及其上传的信息都会标注。其次，平台主可以制定一系列奖罚规则和程序来确保参与者的行为结果符合各方价值需求，减少"自由散养"可能导致的混乱和失控。比如：亚马逊会对违反交易规定或遭到大量投诉的产品进行下架处理，甚至要求企业关店；各类社交平台也会屏蔽用户发布的违反法律法规的内容，并设置了举报功能，方便用户之间的相互监督。最后，平台主也可以增加反映参与者信誉信息的指标，比如点赞数、好评率、评论评价等，帮助用户对该产品、服务或参与者本身有更为准确、全面的认识和评价。一般而言，客观信息更容易让初次交互的双方建立信任关系，因此，平台主需要考虑如何反映更多参与者的客观信息，并保证交互过程的真实可信，来帮助用户建立信任关系。

3. 小心"去中介化"风险

数字平台大多通过扮演中介角色连接多边用户，并从参与者交易过程中获取利润。因此，平台主也需要警惕参与者在交互过程中是否会"去中介化"或"脱媒"。一些长租租客在民宿短租平台爱彼迎（Airbnb）寻找合适的房子并进行短租交易，在与房东线下接触后，之后的续租便可绕过爱彼迎，也就导致爱彼迎无法再从中获得佣金收益。阿里巴巴国际站是一个跨境B2B（business-to-business，企业对企业电子商务）平台，采购商在国际站上对合适的供应商发起询盘，并派人员对供应商进行实地考察。一旦供应商与采购商在线下接触，他们很可能直接签订合同，而不是通过国际站平台进行交易，这对国际站的持续发展也会有负面影响。

防止"去中介化"的一个有效措施是减少交易双方直接接触的可能性。有些平台会隐藏交易双方的手机号、邮箱等联系方式，使得双方无法直接绕过平台进行私下接触。如亚马逊不提供给商家顾客的私人信息，商家无法直接联系顾客。另外一个有效措施是提供交互增值服务，增加用户使用平台的价值。阿里巴巴国际站为防止企业交易"脱媒"，推出一系列企业赋能功能和相关规则。比如，国际站中搜索排名的规则包含了企业店铺的交易数据、客户评价等，企业为了提升店铺排名以获得更大流量，会主动引导客户通过国际站进行交易。

非平台企业如何利用网络效应

对于没有构筑自己的数字平台的传统企业而言，其依然可以享受网络效应创造价值，建立竞争优势。这里提出两个建议供企业参考：一方面，通过参与数字平台来利用多平台网络效应获得收益；另一方面，则可以通过数字技术收集消费者数据，利用数据网络效应获得收益。

● 建议 1：利用多平台网络效应

企业可以通过同时参与多个数字平台来利用多个平台网络效应为自身创造价值。例如企业可以同时在多个电商平台上开设店铺销售产品，或利用多个社交平台与消费者保持互动。不同数字平台有不同定位，其中的参与者类型和偏好也可能存在差异，企业需要根据不同数字平台的定位采取不同策略。比如，同时利用微博和哔哩哔哩（bilibili）平台进行品牌运营和粉丝互动的企业，需要根据微博和哔哩哔哩不同受众开展不同的营销策略。微博以文字内容为主，受众为各年龄层的大众用户；而哔哩哔哩平台以视频内容为主，受众主要为年轻的亚文化爱好者。因此企业在这两个平台中所发布的内容需要匹配不同的社区氛围和受众偏好，从而加强与目标群体的联系。

有些企业可能参与不同功能和类型的平台，企业在不同类型平台中的目标消费者可能存在重叠，但交互内容存在差异，需要协同不同平台创造更大价值。比如一些游戏开发商利用 Steam 发布和销售游戏，同时利用脸书、游戏论坛等社交平台与玩家进行互动，了解玩家的评价，及时发现和修补游戏漏洞，并挖掘玩家的偏好和需求，进行游戏创新。通过协同不同平台的功能，企业可以加强与原有消费者的联系并拓展新消费者，持续创造收益。

● **建议2：利用数据网络效应**

数据会产生网络效应。无论是数字企业还是非数字企业，当企业能够通过数字技术获得消费者相关数据时，便可以利用数据网络效应及时、准确地改善产品和服务，获得竞争优势。数字企业可以通过数字产品收集用户数据，而非通过在产品中嵌入数据收集器来完成这一任务。

数据网络效应通过对需求端数据的"聚合"来为企业创造价值。数据规模越大、来源越丰富、可利用性越强，所带来的价值越高。一个数据是没有意义的，从单一来源采集的数据价值也较低，只有海量的、来源丰富的数据才能较为准确地反映某一事物过去、现在的发展情况，预测未来的发展趋势。

比如，只有搜集某品类所有消费者的下单数据才能分析该品类的销售情况和消费者对该品类的偏好情况；而消费者的下单数据所蕴含的信息量也较小，当能够搜集消费者浏览时间、加购物车频率、购买金额，甚至其他出行、理财、消费等方面的数据时，便可以更加准确地生成消费者行为画像，对消费群体进行进一步分类，根据不同的行为习惯和消费偏好进行精准营销和产品推荐，发掘潜在的细分市场，预测未来市场趋势，从而及时推出新产品，帮助企业获得竞争优势。

第 5 章

范围经济

过去数百年间，无数企业为了在特定市场获得竞争优势，选择通过多元化战略达到范围经济。传统战略管理领域的学者认为，企业所拥有的异质性资源、核心能力等是企业竞争优势的来源，而正是因为这些关键要素具有强大的行业根植性，企业很难以较低成本进入非相关行业。另外，地理范围以及地域制度文化差异也限制了企业在全球范围内的业务拓展。

今天，数字技术的广泛渗透使得不同行业间的边界越来越模糊，不同国家区域的地理边界也越来越淡化，"跨界进入""闪电式全球化"十分常见。例如，卖书起家的亚马逊通过收集挖掘读者反馈的信息，找到读者最喜欢的书的种类和作家并与这些作家签约，从而进入发行商领域，从此一发而不可收，依托于相同的技术平台和运送设施不断增加新的产品种类，将业务领土拓展到了电子产品、服装珠宝、家居、汽车等领域，并逐渐布局起航运、金融和云服务业务。短视频社交平台 TikTok（抖音海外版）通过收购和本土化战略，成功开启了其势不可挡的全球化征程，短短 3 年时间就入驻了 155 个市场，在全球拥有 5 亿日活用户 [①]。这不禁让我们思考：在数字化浪潮席卷全球的今天，传统战略管理领域中所定义的范围经济是否已经发生了改变？数字经济时代的企业是如何实现范围经济的？

围绕这两个问题，本章从"产业范围"和"地理范围"两个角度来分别解析数字经济时代的范围经济，探索数字技术的嵌入如何帮助企业突破传统范围经济实现的"业务高度相关"的条件限制，以及如何克服范围不断扩张带来的管理难题，助阵企业把握数字技术带来的红利，高效地在全球范围内实现范围经济。

从产业范围来看，数字经济时代的企业往往依赖数字化驱动新功能开发和辐射逻辑下的用户溢出效应来不断突破产业边界限制，轻松实现跨界竞争。

从地理范围来看，数字经济时代的企业则是利用产品矩阵的构建和社交平台的力量来克服全球扩展过程中的"外来者劣势"和"局外人劣势"，轻装上阵实现"开疆拓土"的目标（见图 5-1）。

---

① Runrise创研院. 揭秘TikTok全球化扩张为何"势不可挡"？[EB/OL]. (2020-10-09) [2021-02-04]. https://runwise.co/digital-growth/56899.html.

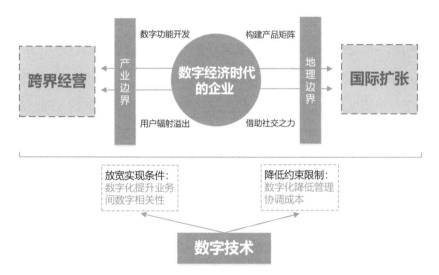

图 5-1   数字经济时代范围经济的实现逻辑

数字经济时代的范围经济

现实中，很多企业往往拥有不止一条产品线。例如：作为全球日用消费品公司巨头之一的宝洁公司，其产品线涵盖了洗发、护肤、医药、织物、家居护理、个人清洁用品等；世界知名汽车生产商沃尔沃集团除了生产和销售乘用汽车外，其产品还包括航天、航空设备及各种机械。那么，为什么众多企业都实现了"多线并举"？这一现象背后的原因在于，企业为了获取竞争优势而致力于实现范围经济。

传统战略领域的范围经济

范围经济的概念最先由美国学者大卫·蒂斯（David Teece）在 1980 年提出 [1] 并被引入战略领域。学者们认为，当企业生产多个产品的成本低于分别生产每个产品时，范围经济就产生了。举例来说，当企业为了生产 A 产品而投入建设了企业的研发中心或集中仓库，那么在生产同一系列的 B 产品时，无须再次投入便可实现生产，由此降低了生产一件新产品的单位成本，实现生产成本"1+1<2"的效果。

与第 4 章中讨论的规模经济类似，范围经济也暗含了企业尝试最大限度地利用现有资源以降低生产成本的做法。但二者不同的是，范围经济重点关注企业经营范围，包括企业所生产的产品种类的扩张，以及产品销售范围的扩张，从而在相同资源和设施的条件下，为客户提供更多元的产品和服务。正如第 2 章所述，企业竞争战略的核心是在一个特定市场中击败对手。因此，企业要想获得竞争优势，需要在纵向互补的上下游企业和横向替代的同行竞争者这两条线性价值链上实现成本优势，进而实现范围经济。

然而，对于传统企业而言，实施多元化战略是有条件的，大多数企业都无法肆意扩张业务范围，主要有以下两个原因。

● **只有特性相同或相近的产品才有可能共用设备、技术等资源条件，实现成本优势。**也正因如此，传统战略观点认为，为了实现范围经济，企业很难同时提供风马牛不相及的产品或服务。以银行业为例，全球银行

---

[1] Teece D J. Economies of scope and the scope of the enterprise [J]. Journal of Economic Behavior & Organization, 1980, 1(3): 223-247.

业都致力于为客户提供"一站式"的金融服务。然而，这种"一站式"服务只是局限于证券、保险、基金、信托等本身就具有很强关联性的业务。

● 企业业务范围的扩张常常通过一体化运行、多样化生产来实现，这对组织管理提出了新挑战。由于范围经济的产生依赖于不同部门、单元间的资源共享和协调，随着企业涉猎的业务范围不断拓展，运营这些业务所产生的协调成本就会不断增加，这也进一步限制了企业实现范围经济的边界。

数字经济背景下的范围经济

数字技术让一些企业突破组织资源禀赋和运营架构约束，重新定义了"范围经济"。首先，数字经济时代下范围经济实现的前提约束被进一步放宽，企业不再需要依赖产品本身的相关性来共享核心专长、实现范围经济；通过致力于提高企业的数字化水平，借助平台和数据等要素的共享、信息技术媒介，能够提升产品间数字相关性，实现范围经济。

其次，范围经济的实现范围被进一步扩大。数字生产要素不同于传统要素的一点就在于"非竞争性"。就传统生产要素土地资源而言，一个人占用的空间越大，其他人占用的空间就会越少。但是，数据资源可以同时给多方使用，并不会因为某一方的使用而影响其他方的使用。这就使得范围经济实现的范围被进一步扩大。此外，传统范围经济可能会带来的管理和协调难题也因为数字技术和数字化工具的赋能而逐渐淡化，也就进一步扫清了范围经济的扩张障碍。

具体来看，数字技术助力实现范围经济主要体现在以下两个方面。

第一，数字技术的同质性和可重新编程性使资源具有可模仿性、可替代性和流动性，数字资源的流动性使资源可在不同的主体间共享，从而帮助企业突破实现范围经济过程中所需"业务相关性"的限制。具体而言，通过全面汇聚和集成用户的行为数据，企业可以更好地了解用户的需求，动态把握用户的需求、想法与偏好，从而挖掘可能存在的业务创新点。这意味着，企业在实现范围经济过程中依靠的不再是产品和业务间共同的基础设施，而是同一用户的不同行为数据。通过利用和挖掘在线化、可视化的用户数据，企业能够更迅速地应对用户需求和市场反馈，以用户需求为中心来高效开发新产品／业务组合。以汽车制造业为例，以谷歌、百度等为代表的"造车新势力"发展迅猛。例如，积累了海量数据的互联网搜索引擎巨头谷歌，因手握海量的用户位置数据与无人驾驶技术两大"杀器"，逐步向汽车制造业腹地发起进攻。吉利、宝马等传统车企也不甘落后，纷纷以用户为中心、以数据为驱动，打破原有业务拓展的"相关性"限制，实现数字经济背景下的范围经济。

第二，融入了"数字血液"后，企业在向用户传递产品或服务价值的关键路径中，尽可能避免传统人力的直接干预，从而可以绕开过去在业务扩张过程中面临的管理难题，逐步突破传统运营模式的限制（详见案例聚焦 5–1）。换句话说，企业实现价值主张的过程完全是由数字化驱动的。这也意味着，企业依托于数字化技术，可以将关键流程数字化，从而摆脱人力资源的束缚，降低协调成本，实现范围经济。例如，对于电商平台而言，用户在电商平台上浏览商品的过程是企业与用户之间的关键互动环节，也是关键的价值传递过程。而在这一过程中，淘宝就利用了人工智能的数字化算法，根据用户过往行为和类似用户的行为，使平台自动为数亿用户推送各种品类的商品，实现企业与用户的交互。

案例聚焦 5-1

从"小蚂蚁"到"独角兽"

成立于 2014 年的蚂蚁金服集团至今拥有不到 1 万名的员工，覆盖的客户数量却惊人地达到了 7 亿人。成立之初，蚂蚁金服致力于为数量众多的小微客户提供普惠金融的服务。随后，企业已经实现了从传媒、交通出行到医疗健康、物流服务等多场景业务的全面覆盖（见图 5-2）[①]。这样一只在组织规模、历史积淀方面都无法与传统银行相比拟的"小蚂蚁"，却在数字经济背景下的今天，解决了传统银行数百年来都未解决的"金融普惠"难题。它是如何办到的呢？

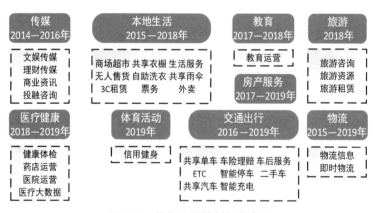

图 5-2 蚂蚁金服的新场景布局

这背后的秘诀在于蚂蚁金服采用了全数字化的运营模式，这种运营模式

---

① 资料来源：蚂蚁金服官网，https://www.antgroup.com/。

的核心是一个复杂的数据集成平台。例如，网商银行作为实现普惠金融目标的重要业务板块，主打"310"（3分钟申请、1秒钟放款、0人工介入）全流程线上信用贷款模式，依托人工智能算法以及平台积累的海量数据，不仅完成了传统商业银行需要海量人力才能处理的交易过程，更实现了对交易流程的互联网再造，颠覆了传统金融的服务模式。

具体来看，客户在线申请业务，人工智能模型取代了线下的银行网点，线上交易的方式取代了传统的信贷客户经理与客户的一对一沟通，芝麻信用评分取代了烦琐的信贷审核程序，交易成本大幅降低。同时，蚂蚁金服还会对用户的海量信息数据，包括用户信用历史、行为偏好、履约能力、身份特质、人脉关系等五个维度进行综合处理和评估，并在此基础上通过一系列人工智能技术分析数据，从而精准地预测新场景下的用户行为。借助集中的海量客户数据、强大的数据挖掘及分析系统、云计算服务体系、人工智能分析模型，蚂蚁金服最终得以以极低的成本引入多个场景化应用服务，并将不良率控制在 1% 以内。

资料来源：中泰证券. 蚂蚁集团：商业模式及竞争壁垒的深度分析 [R].2020；未来智库. 解构"蚂蚁"：蚂蚁集团的商业模式与核心能力深度分析 [R].2020；中信证券研究部. 蚂蚁金服深度报告之业务篇——如何评估蚂蚁金服的价值 [R]. 2020.

数字催生平台巨型化

在传统经济背景下，很难想象一家汽车制造企业转而制造手机，也很难想象一家互联网公司转而去制造汽车……然而，我们看到，过去10年里，数据、算法、人工智能等正在迸发出前所未有的活力，也让我们原本无法想象的场景逐渐走入现实。

基于数据等关键要素的共享、复用，"特定市场"的边界被一步步打破，"赢者通吃"逐渐成为如今众多企业在数字丛林中生存的基本法则。正如案例聚焦 5–1 所呈现的，蚂蚁金服所提供的服务不仅仅局限于传统的金融服务，更为客户提供了包括文娱传媒、共享单车、教育运营等在内的多个场景的服务。

在数字经济背景下，新业态、新模式的持续涌现使得企业发展和竞争日渐跨界化，企业间的竞争不再局限于产业链上下游之间。从零售到金融，从出行到外卖，互联网巨头们早已"低头不见抬头见"。企业为了提升自己的竞争优势，会在某个市场取得一定优势后，尝试将这种优势转移溢出到另一个市场参与竞争，以抢占更多用户的注意力。在竞争越来越激烈的同时，企业也开始越来越难准确识别自己的竞争对手，不仅要面对同行的竞争，还需要提防突然冒出的"路人甲"的"攻击"。

那么，在数字经济时代，企业是如何"开疆拓土"、实现"赢者通吃"的呢？接下来，我们通过数字化驱动的新功能开发、辐射逻辑下的用户溢出这两个方面来回答这一问题。

数字化驱动的新功能开发

从电商平台起家的阿里巴巴从成立到现在，已成功进入了物流、金融、影视、出行等多个行业和市场，打造了一个巨大的"阿里动物园"。这种巨型化的平台是如何建立起来的？

数字技术本身所具有的数据同质化和可重新编程性，使得企业可以无缝衔接到多种外部服务，以实现开放平台下的范围经济。当用户与业务发生交互时，平台内模块化的软件或程序可以将收集到的用户数据汇总至一个集中的数据平台。借助 AI 等数字技术可以实现对单个用户数据的全面采集和对个人偏好以及支付意愿的预测，通过整合数据又可以形成完整的用户画像，从中准确地提取用户特征、精准定位潜在的用户需求，从而发现创新机会。另外，将不同来源的数据聚合到统一的测试平台，可以更加高效全面地测试、分析不同类别新产品或服务的潜在价值，并通过共享平台和信息技术媒介的方式来建立起产品服务间的相关性，助力实现范围经济（见案例聚焦 5–2）。

案例聚焦 5-2

颠覆传统健身行业的 "Keep"

2015 年 2 月，Keep（北京卡路里科技有限公司）横空出世，定位是为健身初学者打造的一款健身工具，通过提供一套工具化、标准化的在线健身课程，解决白领、学生等人群的健身需求，督促用户形成健身习惯。随后，Keep 逐渐发展成为覆盖跑步、骑行、瑜伽、街舞等多种运动形式的综合线上运动平台 App，并开始融合软件和硬件，从线上逐步拓展到线下实体业务，同时开拓了服装、轻食以及运动周边等业务。2020 年 5 月，Keep 宣布完成了 8000 万美元的 E 轮融资，一跃成为中国运动科技领域的首家独角兽企业[1]。

创始人王宁多次表示，"要将 Keep 打造成数字化赛道里的耐克

---

[1]　新京报. Keep完成8000万美元E轮融资 [EB/OL]. (2020–05–19) [2021–02–10]. https://baijiahao. baidu.com/s?id=1667095240874504495&wfr=spider&for=pc.

（Nike）"[1]。为了实现这一目标，Keep 建立了一套自己的业务模式（见图 5-3）。通过开放平台的数字接口，连接其他互补的 App、社交平台、硬件设备等，收集了用户全面的行为数据，从运动心率、锻炼频率到音乐品位、社交习惯，进而增强了针对用户个性化推荐的准确性，从而实现"千人千面"的个性化推荐，提高用户对平台的依赖度。创始人王宁表示："当你在 Keep 消费的内容越多，产生的数据越多，我们就会更加懂你，未来提供的所有内容也更加适合你。" Keep 依托自己搭建的运动数据中心，通过全方位的数据收集，不断对现有产品进行迭代更新。

如今，Keep 提出了新的产品愿景——打造一个"自由运动场"。通过运营社区，让用户找到喜欢的运动形式和志同道合的伙伴。在这一愿景的驱动下，Keep 逐渐成为涵盖健身、饮食指导、商城、运动直播等功能的运动平台，不断覆盖更多运动场景，丰富社区互动形式，极大地提升了用户运动体验。除此之外，Keep 也通过聚合数据，刻画用户使用行为，挖掘用户潜在需求，打造了一系列的硬件产品。根据 Keep 公布的数据，2019 年，在多业务并行的模式下，Keep 的线上业务营业收入同比增长 286%，而线下业务营业收入同比增长 300%，其中智能硬件同比增长 177%[2]。下一阶段，Keep 的运动场版图又会如何扩张？我们拭目以待。

---

① 36氪.Keep王宁：最大的梦想是让Keep成为像Nike一样的运动品牌[EB/OL].(2018-04-16)[2021-02-10]. https://36kr.com/newsflashes/3278681571329?winzoom=1.

② 长江商报. Keep用户超2亿线上业务营业收入增286% 获8000万美元E轮融资成行业独角兽[EB/OL]. (2020-05-21)[2021-02-10]. http://www.changjiangtimes.com/2020/05/605841.html.

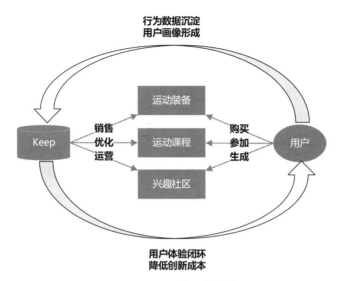

图 5-3　Keep 的业务模式

资料来源：根据公开资料梳理。

由案例聚焦 5-2 可以发现，Keep 实现范围经济的逻辑其实并不复杂——通过向硬件中增加数字内容，为用户创造线上、数字化的健身体验，并使之可以复制和扩展。最终，将成千上万"相似"的用户聚集在一起，增加用户黏性。或许在 10 年前，健身爱好者们还需要在零下十几摄氏度的天气抽出整段时间去健身房。如今通过数字技术，用户已经可以随时随地消费健身"内容"。与此同时，只要平台开放自己的数字接口，便可将其用户与其他机构（例如营养服务机构、医疗保健等）联系起来，轻松地扩展企业的业务范围，更高效率地实现范围经济。

辐射逻辑下的用户溢出

随着数据成为共用的关键生产要素，当我们重新审视产业融合中的跨界竞争者时，不难发现，这些企业往往以技术基础架构为依托，在占领一个"滩头阵地"后，以核心平台为圆心向外辐射，通过用户溢出，实施向不同行业、产品、服务和功能包络的战略，不断发展新的子平台，占领新的市场（见图5-4）。例如，腾讯依靠微信平台，以社交为圆心，通过流量溢出不断向外延展辐射，逐步建立起自己的移动金融生态圈；阿里巴巴也从最初的黄页和B2B平台一步一步被打造成一个覆盖了我们生活和工作各个场景的互联网巨头。

通过孵化新的业务子平台，企业可以匹配更多的供需关系，从而扩大用户规模，这是帮助企业进一步实现范围经济的重要武器。具体而言，依托已经建成的核心平台，企业通过不断在已有平台上开发新程序，用"零成本复制"的方式进入新行业，进一步增强整个平台商业生态系统的竞争力，为用户提供多样化的"捆绑式"服务，用户对平台以及用户间的依赖程度均在上升，多边用户交易的频率和互惠程度亦在上升[1]（详见案例聚焦5-3）。

---

[1] 蔡宁，王节祥，杨大鹏． 产业融合背景下平台包络战略选择与竞争优势构建——基于浙报传媒的案例研究[J]．中国工业经济，2015(5)：96-109．

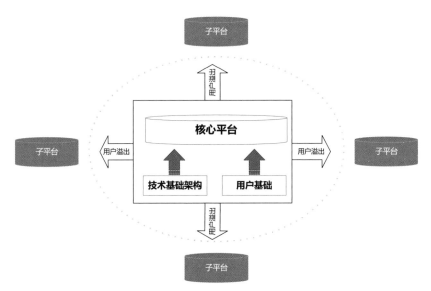

图 5-4 数字企业实现范围经济的辐射逻辑

案例聚焦 5-3

"不务正业"的美团

美团一直都以"不按常理出牌"著称。2010 年，美团以团购业务切入市场，初步完成消费者与商家的连接，并在"千团大战"中胜出。随后，美团开始陆续进入外卖、生鲜零售、打车、共享单车、酒店旅游、电影、休闲娱乐等细分市场，并将自己定位为综合性互联网生活服务平台（见图5-5）。

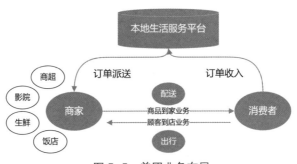

图 5-5　美团业务布局

资料来源：中信建设研究发展部。

虽然业务眼花缭乱，但美团生态构建过程紧紧围绕着用户驱动这一核心思想展开，并逐步构建起一条平台与用户双向互动的完整链条。以美团打车业务为例，在美团 2.5 亿日活跃用户中，有 30% 有出行需求[①]。这也就意味着，美团打车仅自有平台便存在 7500 万活跃用户的巨大潜在市场。2017 年，美团在南京上线打车服务，对标滴滴快车，自主招募司机，承诺前三个月零抽成。但与彼时专注于出行业务的滴滴不同的是，美团希望通过满足平台用户的出行需求，为用户提供一站式"吃喝玩乐全都有"的服务体验。因此，美团打车业务部门的核心任务是和美团的其他消费场景融合，保持链条的活跃，增强用户黏性。就这样，通过依托平台原有的基础架构和网络效应，美团较为轻松地进入与原有业务毫不相关的新行业，成功实现跨界经营。

资料来源：IPO 早知道 . 美团点评招股书全解读 [EB/OL].（2018-6-26）[2020-10-1]. https://www.sohu.com/a/237800512_313170；美团招股文件 [EB/OL].（2018-6-25）[2020-9-2]. https://about.meituan.com/investor.

---

① 互联网一些事 . 从流量争夺到客户为王　看美团"新物种"的取胜之道[EB/OL].（2018-07-06)[2021-02-10]. https://www.sohu.com/a/239611584_336775.

通过上述案例可以发现，数字技术的嵌入使得企业不需要再依靠颠覆式创新这种途径来突破自身发展瓶颈，通过构建一个"母平台"聚合用户数据，对用户需求进行解构，在此基础上，建立"子平台"来实现业务范围的拓展。通过与已有服务捆绑和集成，企业可以以非常低的成本向不同行业和领域扩张，不断将现有用户基础和数据优势向外辐射，最终提升企业整体规模，实现范围经济。

数字助力企业全球化

数字技术的魅力远不止于此。除了突破业务范围限制，地理范围的限制也被逐渐瓦解。数字技术的数字同质化特性和可重新编程性加速了数据等关键要素的跨境流动，使得数据的共享和流动变得更加可及，也大大降低了地理距离相关的生产成本，助力企业轻资产地实现全球化。例如：优步（Uber）在 10 年内便将业务推广至 68 个国家和地区；创立于 2008 年的爱彼迎，其业务已经覆盖 190 个国家和地区；2002 年成立的领英（LinkedIn），其业务也已覆盖 200 个国家和地区。我们惊奇地发现，数字企业的全球化之路似乎发生了极大的改变，覆盖地理范围之广、实现速度之快，都是过去无法想象的。

在传统企业国际化过程中，一方面，由于制度文化的差异，东道国市场会把跨国公司当作"外来者"，从而产生排斥；跨国公司也会因为对当地制度文化、用户习惯和偏好的不熟悉而屡遭挫折、难以破局。另一方面，由当地企业以各种复杂的相互联系构筑起来的商业网络以及其所形成的"护城河"也会将这些跨国公司隔绝在外，让它们成为彻底的"局外人"。上述这两种情况被称为企业国际化过程中面临的"外来者劣势"和"局外人劣势",是企业在国际化征途中不可避免的两大"拦路虎"。

那么,在数字技术的赋能下,企业是如何正面攻克或是侧面绕开这两大"拦路虎",最终乘风破浪、扬帆起航的呢?下面让我们一起来探索这背后的奥秘。

构建产品矩阵,打破"外来者劣势"

伴随着数字经济的兴起,越来越多的企业开始通过构建一个具有模块化架构特征的数字平台来促进供需双方交互、共同创造价值[1]。正如前文所述,数字经济背景下,依托平台来实现价值获取的企业,其全球化目标的实现越来越强调"需求端"的作用,因此,持续获得和精心维护用户成为企业"出海"过程中的重要基石。

这是因为平台链接的双边用户需求具有强依存性,表现出"鸡蛋相生"的特性[2],用户需求是平台内价值创造活动的重要驱动力。另外,许多平台企业天生具有分享属性和用户创造价值属性[3],这使得用户数量和用户黏性成为影响企业竞争优势形成的重要因素。因此,积累用户数量、增强用户黏性可以帮助企业进一步更高质量地改善和提升服务水平,促进平台内价值创造活动,以进一步吸引更多用户,从而进入正向促进的良性循环。

下面通过字节跳动的案例(见案例聚焦5–4)来讨论数字企业是如何

[1] McIntyre D P, Srinivasan A. Networks, platforms, and strategy: Emerging views and next steps [J]. Strategic Management Journal, 2017, 38(1): 141–160.

[2] Eckhardt J T, Ciuchta M P, Carpenter M. Open innovation, information, and entrepreneurship within platform ecosystems [J]. Strategic Entrepreneurship Journal, 2018, 12(3): 369–391.

[3] Gu R, Oh L B, Wang K L. Multi–homing on SNSs: The role of optimum stimulation level and per-ceived complementarity in need gratification [J]. Information & Management, 2016, 53(6):752–766.

实现东道国的用户聚合来打破企业全球化过程中的"外来者劣势"的。

案例聚焦 5-4

从字节跳动重新理解全球化

作为中国最具国际化视野和格局的移动互联网巨头之一，字节跳动公司紧紧围绕着用户构建起自己矩阵式的产品体系。其底层的商业逻辑是通过"算法＋数据"，实现内容生产与内容发布的分离，以及信息过滤权力的转移。

从 2012 年成立到覆盖全球超过 150 个国家与地区的用户，字节跳动只用了 8 年时间。根据公司官方数据，公司全系产品 2019 年全球月活跃用户数（monthly active user, MAU）超过 15 亿名[①]。旗下的 TikTok 更是迄今中国"出海"最成功的 App 之一。

基于这套逻辑，公司从"今日头条"出发，通过积累的海量数据再迭代出一套有效的内容推荐算法、用户体验完善、AB 测试优化的开发体系。随后，通过批量生产、数据测试、快速筛选、资源配置等一系列标准化流程，围绕用户需求开发出多元产品，从而实现对更广泛用户群的覆盖。在此基础上，依托于海量用户与数据资源，智能算法优势进一步放大，由此持续提升内容推荐的精准性，不断升级用户使用体验。通过发挥产品间的协同作用，实现用户的锁定，并从中实现变现。

算法驱动内容产品模型在国内市场得到充分验证后，字节跳动便迅速开启了全球范围内的扩张。从 2015 年开始，字节跳动开始构建海外版的"资讯分发＋短视频"产品矩阵。2015 年 8 月，今日头条海外版 TopBuzz 上

[①]　资料来源：字节跳动官方网站，https://www.bytedance.com/zh/。

线，迈出其国际化征途的第一步。公开资料显示，TopBuzz 内容源自 CNN
（美国有线电视新闻网）、NBC（美国全国广播公司）等新闻媒体。为吸引
海外用户，2017 年 7 月至 8 月，Hypstar（火山小视频海外版）和 TikTok
陆续上线。随后，字节跳动通过收购音乐短视频平台 Musical.ly 成功破局，
大大缩短了 TikTok 在北美市场的冷启动周期（见图 5-6）。

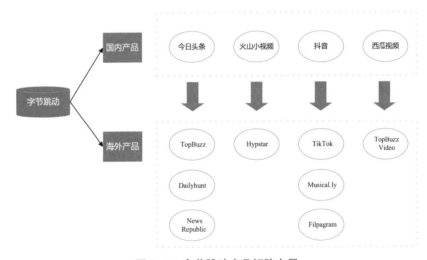

图 5-6　字节跳动产品矩阵布局

资料来源：腾讯新闻棱镜深网 . 张一鸣的投资版图：TikTok 外，7 年已布局 17 个
赛道 [EB/OL]. （2020-08-11）[2020-11-02]. https://www.36kr.com/p/
833004719186565；IT 桔子 . 投资与并购，让字节"跳动"的隐形动力
[EB/OL]. （2020-04-08）[2020-10-01]. https://www.huxiu.com/article/
349182.html.

可以发现，字节跳动全球化策略的核心在于"推进自身成熟产品的全
球化"，将原有的、已被充分验证过的产品复制到海外市场，并将新产品与
已有产品捆绑，通过成熟的产品矩阵进行"多线包抄"，充分有效地发挥产
品间的协同作用。

需要强调的是，数字经济背景下，数据、算法等关键要素很大程度上模糊了企业的来源国，一定程度上帮助企业克服了以往全球化过程中的"外来者劣势"。但实施这一战略的关键在于，企业基于本国环境所形成的成熟产品是否可以完全复制并无缝转移到海外环境中，不同国家的用户具有习惯差异以及宗教文化的差异，他们是否能够接受和喜爱这些在其他国家拥趸万千的产品。微信受阻于欧美市场这类失败案例也比比皆是。能否在复制和转移的过程中根据当地用户的习惯和宗教文化进行微调也是这一策略能否成功实施的关键。

借助社交之力，打破"局外人劣势"

企业登陆海外市场，成功实现冷启动还仅仅只是迈出了第一步。在这之后，企业需要通过深度本地化来缩短与用户之间的心理距离，让自己成为"圈内人"，真正嵌入东道国主流网络，大范围接触潜在客户，才有机会打破东道国竞争对手设下的"护城河"，把自身的网络效应发挥出来，在海外站稳脚跟。否则，就会面临被其他更有优势的本土竞争对手模仿甚至挤出市场的威胁[1]。

对刚刚迈过全球化门槛的企业而言，一个有效的方法就是利用社交平台。社交平台具备时效性高、互动性强等独特优势，可以让世界各地的人共享资讯、交换意见，进而拓展并打破信息传递范围。此外，社交平台为企业提供了一个天然的数据信息源，企业在推出新产品的过程中，可以有

---

[1] 陈威如，余卓轩. 平台战略:正在席卷全球的商业模式革命[M]. 北京：中信出版社，2013.

效地整合、提取用户在社交平台的行为信息[①]，将分散的用户创新需求进行聚合，从而更好地开发出符合当地用户口味的新产品，帮助企业更快地融入当地市场。

下面，让我们来看看服装品牌 ZAFUL 的做法（见案例聚焦 5-5）。

案例聚焦 5-5

ZAFUL 的"出海"锦囊

ZAFUL 作为一家主打海外市场的中国本土服装品牌，于 2014 年在欧美市场上线。短短几年内，ZAFUL 就取得了不错的成绩。截至 2019 年底，ZAFUL 已经拥有 3986 万名注册用户，90 天内的复购率达到 42%。在 2019 年 BrandZ 发布的"中国出海品牌 50 强"榜单中，其位列第 23 名。从泳装起家，到成为谷歌趋势（Google Trends）统计出的泳装品类最受关注的关键词之一，ZAFUL 的成功离不开企业推广过程中对社交平台的投入以及对当地 KOL 的运营。

目前，ZAFUL 合作的 KOL 有近 10 万人，头部 KOL 占比 20%，KOL 资源集中于美国、西班牙、意大利等国家。其在视频网站优兔上与 KOL 合作，形式基本上为以 KOL 的视角进行开箱、试穿和发布 vlog（视频网络日志）等一系列操作。2019 年，ZAFUL 与直播平台乐我无限（LiveMe）合作建设海外直播基地，用于运营 MCN(multi-channel network，多频道网络）业务，提供 KOL 孵化管理、内容生产和商品供应链的全套服务。ZAFUL 官方数据显示，仅 2017 年一季度，由 KOL 产生的直接收益占比大约为

---

① Heavey C, Simsek Z, Kyprianou C, et al. How do strategic leaders engage with social media? A theoretical framework for research and practice [J]. Strategic Management Journal, 2020, 41(8):1490−1527.

10%。目前，ZAFUL 在全球 KOL 池中拥有 3.7 万名的 KOL 资源，也是目前拥有最多 KOL 资源的品牌。

除此之外，ZAFUL 也将时尚博主和 ZAFUL 粉丝组成兴趣社群，增加用户黏性。成员可以在社群中分享时尚话题、生活方式、搭配心得、潮流设计以及在 ZAFUL 上的购物体验，也可以通过这个社区去找到志趣相投的朋友。2016 年，"Z-Me"社群项目推出一周内便引来了 1000 多位新顾客，该社群日均发帖量为 500 ～ 1000 个。

通过内容本土化的打造、产品本土化的打造、基于消费者真实需求的打造，ZAFUL 有效地摆脱了当地消费者对来源国的刻板印象。另外，数字技术的嵌入使得过去品牌建设的难题得以解决，打通了企业和用户沟通的直接渠道。通过算法，企业可以清晰追踪流量、利用数据优化产品、实现市场投放可量化、利用用户画像再营销等。

资料来源：观察电商.跨境时尚品牌 ZAFUL 如何用 5 年时间在海外成为黑马？[EB/OL]. (2019-07-16)[2021-02-10]. https://baijiahao.baidu.com/s?id=1639177134881776912&wfr=spider&for=pc;WPP & Kantar. 2019 年 BrandZ™ 中国出海品牌 50 强报告 [R].2019.

由上面的案例可以发现，ZAFUL 能够脱颖而出的关键在于，企业形成价值主张后，通过关键主流社交平台来洞察和接触当地消费者，并通过建设用户社群等方式来实现全球化扩张。我们也不难发现，借助本地 KOL 的力量进行推广，或许是快速切入当地用户网络的一个不错选择。原因在于，相比于名人，KOL 与本地用户的相似性更强，同时具备更强的亲和性。在用户眼中，KOL 往往具备天生的真实性优势。通过意见领袖的传播，企业可以有效地承接用户对 KOL 个人的"合法性溢出"，可以在无形之中拉近与用户的心理距离。与此同时，用户也会利用社交平台自发地在本地市场中进行推广，从而增加用户黏性 ①。

　　当然，除了利用现成的社交平台外，数字企业也可以通过提升自己的社交维度来将原先用户间点对点的平面化交互状态连成一个立体网络，创造比竞争对手更具活力的用户生态系统，从而对东道国现有的网络形成高维攻击，打破"局外人"困境。

---

①　王阳. 中国互联网公司"出海"攻略[EB/OL]. (2019-04-01)[2021-02-10]. http://www. hbrchina.org/2019-04-04/7212.html.

第 6 章

速度经济

　　20 世纪 90 年代，产业界和国际商务学者惊奇地发现，有一类企业在成立后不久便迅速进入海外市场，并把这类独特的企业称为"天生全球企业"（born global）[1]。而当下，正如我们在第 5 章中提到的，这种现象再正常不过了：2011 年，由安克创新推出的智能数码产品 Anker 在公司成立第二年便通过亚马逊进入欧美市场；2014 年，成立 4 年的小米开始发力海外业务，成功抢占印度、东南亚和东欧等国家和地区的新兴经济体市场；2020年，大量传统中小型制造业企业着手开展跨境电商业务，利用亚马逊和易贝（eBay）开拓海外市场，不久便实现在跨境平台上月销 10 万美元以上的业绩……各类企业都不再拘泥于缓慢扩张，而是追求在短期内触及全球客

---

① Rennie M W. Born global [J]. The McKinsey Quarterly, 1993, 4: 45-50.

户，实现高速成长。或许，我们现在称这些企业为"天生巨型企业"（born huge）更为合适。

与这一现象紧密相关的是速度经济（economies of speed）的概念。在传统战略管理中，速度经济强调时间维度上的成本摊薄，即企业通过提升生产的速度，最大化使用机器设备及人力，从而降低单位产量的固定成本，提升利润水平。在数字经济的情景下，速度经济产生了新的内涵。快速提供各类产品和服务不仅意味着企业能够降低成本；更重要的是，企业可以依靠时间优势快速满足顾客需求，获得先发优势，从而实现在全球范围内的高速成长。在快速变化的时代，速度经济无疑是企业打开和赢得市场的重要砝码，而速度经济的实现在数字技术广泛使用的背景下变得更为容易。

那么，数字经济如何改变速度经济形成方式呢？企业各类业务活动中如何体现速度经济呢？企业又该如何更好地实现速度经济呢？本章将按照图 6-1 所示的逻辑对以上问题进行探讨。

图 6-1　数字经济时代的速度经济逻辑

数字经济下的速度经济

传统战略领域的速度经济

早在 1977 年，著名的企业史学家艾尔弗雷德·钱德勒（Alfred Chandler）就在他的著作《看得见的手》中提到了"速度经济"这一概念[1]。根据钱德勒的解释，我们可以把速度经济理解为因迅速满足市场需求而带来超额利润的经济。由于多元化公司的一大优势就在于可以更好地协调要素输入和产品输出，提升其固定资产的使用效率，因而多元化企业相较于单一业务企业的一大优势除了第 5 章提到的范围经济外，还有速度经济[2]。

数字经济背景下的速度经济

在数字经济时代，速度经济的意义更加凸显。总部位于芝加哥的数据分析服务公司 Mu Sigma 的创始人迪拉吉·拉贾拉姆（Dhiraj Rajaram）强调，在数字经济时代，竞争环境已经发生了改变，诸如沃尔玛、亚马逊、微软等企业越来越多地在速度经济上下功夫，试图不断挖掘顾客需求，快速提供服务[3]。毫无疑问，数字技术带来的深刻变化正在影响企业战略，从需求端和供给端角度可以总结如下：

从需求端看，消费者的需求呈现日益多样化和多维度趋势。例如，智

---

[1] Chandler A D. The Visible Hand: The Managerial Revolution in American Business [M]. Cambridge, MA: Harvard University Press, 1977.

[2] Sturgeon T J. Modular production networks: A new American model of industrial organization [J]. Industrial and Corporate Change, 2002, 11(3): 451−496.

[3] Mu Sigma. Economies of Speed—The New Business Battleground [EB/OL]. (2019−05−23)[2021−02−10]. https://www.mu−sigma.com/our−musings/blog/economies−of−speed−the−new−business−battleground.

能手机消费者不一定需要一个样式完全新颖的机器，但期待能够使用高质量的 App 以满足交友、娱乐、工作等需求；运动爱好者不一定需要运动鞋的功能发生颠覆性变化，但期待能够在加速性、保护性、稳定性等单个维度有所突破，进而满足异质性的需求。

从供给端看，创新者的研发呈现出专业化和分散化趋势。例如，一些巨型公司负责开展突破式创新，打造底层技术，而另外许多专业性的微型公司专攻某个细分领域，满足特定需求，在大公司提供的底层技术上进行开发；越来越多的行业出现了公司内部的平台，这些平台中的资源可以由公司内部各个事业部共享。

需求端和供给端的这些变化很大程度上是由数字技术的发展和广泛应用引起的。正是因为这些变化的出现，速度经济成为企业快速满足市场需求、区别于竞争者，从而实现比较优势的基础（见图 6-2）。

图 6-2   数字经济时代速度经济的基本诱因

模块化与速度经济

数字化浪潮带来的一个显著结果是模块化架构在越来越多的领域得到应用。这样，原本无法分解的系统由于数字技术而可以被分解成一个个模块。模块之间相互独立，内部高度黏合，模块与模块之间由可编程的接口组合起来，就像我们玩乐高积木一样。

随着模块化的广泛应用，许多复杂的工作可以分割成一项项相对简单的工作。一般来说，这种对工作的不断细分主要可以从三个方面来帮助企业实现速度经济。

第一，简化问题。就像我们在完成一道复杂的数学题时，往往会把它分解成一些我们熟悉的问题各个击破，从而找出最终答案；将一个复杂的系统解构为各个模块也是一样的道理，这样的过程可以使得原本复杂的问题变得清晰。

第二，提升专业度。例如，一项技术原本需要物理学家、化学家、工程师合作开发，这就要求各方都能对其他两方的知识储备和需求有基本的了解，以构成合作的基础。随着系统细分成更多的模块，物理学家、化学家、工程师只需要分别知道其他两方需要完成什么，而无须知道他们是如何完成的。这样，各个模块解决问题的专业度可以得到进一步的提升。

第三，激发创意组合。这意味着本来无法产生关系的模块可能会因为系统的解构而产生新的组合。例如，延斯·弗德雷尔（Jens Foerderer）的研究发现，苹果 iOS 生态系统的开发者在开发者大会上的沟通可以帮助发现 App 间的互补协同机会，从而推出新颖的产品①。

从系统的视角来看，速度经济可以由各功能单元自身的模块化获得，也可以由各模块间的协同组合获得（见图 6-3）。接下来的两节分别论述两类速度经济如何产生。

---

① Foerderer J. Interfirm exchange and innovation in platform ecosystems: Evidence from Apple's world-wide developers conference [J]. Management Science, 2020, 66(10):4772-4787.

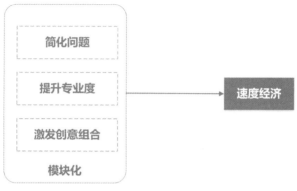

图 6-3　速度经济的驱动因素：模块化

各功能的模块化与速度经济

为了方便叙述，本节从创新模块化、营销模块化和生产模块化三个部分来介绍各功能的模块化是如何影响企业速度经济的构建的，如图 6-4 所示。

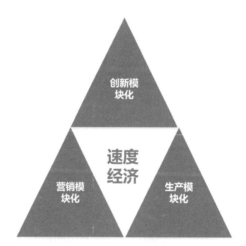

图 6-4　功能模块化与速度经济

创新模块化与速度经济

当今的商业社会，产品从研发到生产的各个环节往往需要融合多个领域的科学与工程学知识，技术复杂度日益提升。但是，消费者好像可以在市场上获得越来越多新颖的产品。事实上，创新活动的模块化趋势在背后起到了十分关键的作用。模块化的创新模式在越来越多的行业中成为主流。那么，创新模块化是如何实现的呢？先请看下面两个实例。

近年来我国汽车企业致力于打造模块化架构平台、实现某些单点技术重大突破，如吉利的"CMA 超级母体"、长城的"柠檬平台"和"坦克平台"。以长城的"柠檬平台"为例，公司致力于打造全球超强 FCEV（燃料电池电动汽车）动力系统，预计 2021 年第一代 FCEV 续航里程达 900 公里，百公里加速度达 8.9 秒；2023 年第一代 FCEV 续航里程超过 1100 公里，百公里加速度达 4.56 秒[①]。

另一个案例是 Google Play 平台生态系统。基于谷歌平台的核心技术架构，App 开发商可以聚焦于某一细分领域开展专业化创新活动，在与其他开发商的竞争和合作过程中不断进行功能优化和产品迭代。因此，Google Play 平台生态系统能够持续为用户提供多样且新颖的 App 产品，满足用户的各类需求。

以上两个例子中，汽车企业的平台主要是由企业内部各事业部门共享，而 Google Play 的平台是能够开放给众多外部开发者的。虽然两个平台在组织形式、开放程度、治理模式等方面有所不同（见表 6–1），但本质上都是

---

① 长城汽车官网. 一张图了解长城汽车全新技术平台——"柠檬""坦克"[EB/OL]. (2020–07–30)[2021–02–10]. https://www.gwm.com.cn/news_detail–18645.html.

众多灵活的模块共享相对固定的基础模块，在基础模块上进行功能延伸。

表6-1　内部平台与产业平台多维度比较

维度	内部平台	产业平台
组织形式	企业	生态系统
交互接口	封闭的	开放的
互补的创新能力	位于企业边界内	位于生态系统边界内
治理模式	管理权威	生态治理

资料来源：Gawer A. Bridging differing perspectives on technological platforms: Toward an integrative framework [J]. Research Policy, 2014, 43(7): 1239−1249.

那么，这种模块化的创新活动形式对速度经济有什么意义呢？

一个核心作用是提升了创新的速度和程度。各个创新模块由专业的人员和团队负责，它们在某个领域的知识储备更为专精且更有经验，因此在解决内部问题和搜寻外部知识的过程中更具针对性。因此，围绕平台展开的模块化创新活动提高了设计、研发、创造的专业化程度。这样，不仅可以更快速地提供新产品和新服务，而且可以将某个方面做到极致。

除此之外，创新活动的模块化对速度经济的获得还有另一种可能机制。非模块化的创新合作需要一个组织对另一个组织的知识和技术有大致的了解，而这在本质上难以避免知识泄漏。模块化在一定程度上解决了这一问题。合作各方只需要知道对方能否完成某项任务即可，无须知道对方是如何完成该任务的。因此，模块化在研发创新中的广泛应用也提升了组织合作创新的意愿，从而有助于创新速度的提升。

营销模块化与速度经济

在过去，企业与消费者之间信息不对称程度高，企业需要依靠市场调研、用户反馈等手段加深对消费者的了解、捕捉消费者的需求，从而进行有针对性的营销。在这种情况下，企业需要同时负责处理顾客意见、执行市场调研（市场分析），并且根据结果开发新产品，进行有针对性的营销活动（市场满足）。这对企业的复合能力提出了很高的需求，因而也限制了其接触到更为广泛的客户群体，比如海外市场。

在数字化背景下，营销活动的模块化越来越成为可能，市场分析和市场满足两方面实现分离。市场分析的工作可以交给外部数字平台主完成。平台主利用自己的数字化基础设施收集市场数据，进行用户画像、市场趋势、顾客需求、竞争格局的分析，并且提供基础的店铺服务，指导入驻商家更好地满足客户需求。商家则可以依赖平台主的分析结果，结合自身情况，开展具体的营销活动。这样，营销活动的门槛大大降低。在过去，出口只是少部分企业的选择，即便是出口企业也在很大程度上依赖于贸易商或海外订单开展 OEM（original equipment manufacturer，代工生产），利润微薄。随着市场分析和需求满足活动的分离，将产品销往海外市场的机会越来越多，即便是三五个人的小团队也可以轻松玩转跨境电商。利用亚马逊、易贝、速卖通（AliExpress）等平台，中国企业扩大自己的市场范围，加快产品销售速度，提升资金周转效率，从而助力打造速度经济。

案例聚焦 6-1

大数据助力中国卖家"出海"

阿里巴巴旗下的跨境电商平台速卖通为入驻商家提供了一系列的商家工具，如生意参谋、数据纵横、社交推广平台、店铺粉丝工具、橱窗推荐等。以数据纵横为例，速卖通可为入驻商家提供行业情报（例如行业重要数据及周涨幅、行业趋势以及明细数据、行业国家分布、蓝海行业等）、搜索词分析（热搜词、飙升词、零少词）、成交分析（商铺二级类目排名情况、App 与非 App 成交概况、店铺成交国家分布、成交核心指标分析）、选品专家（三级类目产品热度、产品详细竞争指标）、商品分析（访客与浏览、加购、产品流量上升的热度、判断潜力爆款和爆款、判断推广的效果）、实时风暴（实时成交金额、转化率）等多个方面的数据参考。利用这些数据，入驻商家可以更好地展开竞争环境分析和未来趋势判断，从而更好地推进海外市场的销售活动。

资料来源：企业访谈；阿里速卖通网站。

生产模块化与速度经济

企业生产活动依赖于固定的机器设备，因而企业能否快速反应、提供市场所期待的新产品取决于企业可调配的内外部设备能否满足生产需求。在过去，生产设备要么由企业自己拥有，要么从紧密的合作伙伴处调用，效率不高，导致企业很难快速应对市场的新趋势和新需求。

在数字赋能的条件下，企业对市场可以进行更加快速和敏锐的反应。在企业内部，企业更加清楚每条生产线的使用状况；在企业间合作中，核心企业越来越清楚合作厂商的生产状况。以服装行业为例，消费者对产品样式、尺寸、面料、款型等多方面的要求使得传统企业难以对市场的新趋势和异质性需求做到快速及时的反应。但是，随着数字化的逐渐深入，企业可以对消费者的各种需求进行不断解构，从而更加精准地将货单需求与内外部生长线进行匹配，从而更为科学地配置其生产活动，充分利用每一条生产线，提升企业生产线的使用率，缩短生产进程，加快对市场需求的响应速度，最终实现速度经济。

第 4 章的案例中曾提到衣邦人在与上游企业合作的同时，也协助供应商企业开展生产活动数字化转型。在衣邦人的协助下，它的合作商温州庄吉服饰有限公司就是数字化转型的成功典范。2017 年，庄吉投资打造的智能车间上线，实现了产品、设备、员工之间的互联。据了解，经过数字化改造的车间，其生产效率提升了 5 倍以上，运营成本降低了 25% 以上[①]。效率和速度提升的根本是庄吉数据能力的构建。一件西服可以被解构为特定的板型、面料、工艺、材料等模块化信息，这些信息与生产设备相匹配，极大提升了生产效率，为实现 C2M 提供了可能。

模块间组合与速度经济

模块间协同与速度经济

在数字经济下，模块间的协同对速度经济也是非常重要的。正是由于 Google Play 平台提供了基本的、一系列相对稳定的模块可供互补者利用，Google Play 的整个平台生态系统才能像今天这样繁荣。类似地，即便吉利的"CMA 超级母体"和长城的"柠檬平台"为各个研发事业部提供基础的功能模块，如果各事业部的成果无法与基础模块相适应，企业也很难实现真正的技术突破。因此，模块本身的"局部搜索"固然重要，而模块之间如何

---

① 青年时报. 服装产业如何拥抱DT时代？——衣邦人："服装定制"撬动产业链"数字化" [EB/OL]. (2020-07-24)[2021-01-03]. http://qyzs.zjsr.cn/index.php?m=content&c=index&a=show&-catid=7&id=420.

配合以发挥最大功用同样对企业能否快速提供有竞争力的新颖产品并满足市场需求有重要影响（见图6-5）。

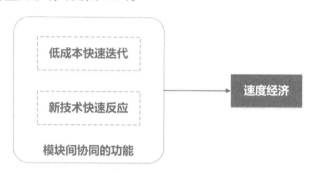

图6-5   速度经济的驱动因素：模块间协同

模块间协同对实现速度经济主要有以下两个方面的作用。

第一，帮助企业实现低成本快速迭代。无须等到索尼公司推出新一代 PlayStation 游戏机，EA SPORTS 公司便可以根据当年球员的场上表现、球员转会及娱乐部经营等情况迭代其开发的 FIFA 游戏，并对界面和功能进行优化，实现每年推出新版 FIFA 游戏的目标，吸引粉丝每年购买。PlayStation 为像 EA SPORTS 这样的互补企业提供了低成本迭代创新的场所。只要与 PlayStation 协同，FIFA 等游戏的开发成本便能大大降低，开发周期便能大大缩短。

第二，帮助企业对新技术进行快速反应。为打破少数商家的长期垄断或调整平台战略定位，亚马逊和速卖通等电商平台会不断地优化检索算法，对商家提出新要求。电商与平台间模块的高度协同能够帮助这些商家快速对这些新要求进行响应，改变产品策略，并通过提升创新速度来快速推出新颖且多样的产品。

如何促进模块间的协同

既然模块间协同对速度经济具有重要意义，那么模块间的协同该如何实现呢？对于各个模块由某单一企业控制的情况，企业必须处理好模块间的协同关系，从组织逻辑、共创能力、激励手段等方面予以保障[①]。这需要企业改变其驱动组织的逻辑，从科层制组织逻辑转为平台型组织逻辑。例如，企业如果在组织内部打造模块化研发事业部，应当给事业部足够的决策权，否则"外行人领导内行人"，不仅会丧失研发活动的专业性，还会削弱研发人员的热情和动力。如此，模块化组织自身的灵活性特征得不到充分发挥，而科层制的高执行力特征也难以得到保障，最终导致创新活动的效率低下，不利于充分利用创新投入，无法实现速度经济。

当企业只是提供某一或某些模块，而并非有权协调整个系统的模块时，该企业需要具备实现自有模块与系统内其他模块协同的能力。阿姆里特·蒂瓦娜（Amrit Tiwana）发现，如果黑莓系统（Blackberry OS）上的 App 的技术架构能与平台架构良好协同，就能帮助其更好地利用平台提供的资源与能力，从而在 App 之间的竞争中脱颖而出[②]。如果企业是在电商平台上提供产品和服务，则需要明晰所参与平台的总体目标、战略定位、优势品类、竞争策略等因素，以在同类参与者中脱颖而出。

---

① 邬爱其，宋迪. 制造企业的数字化转型：应用场景与主要策略[J]. 福建论坛（人文社会科学版），2020(11): 28-36.

② Tiwana A. Platform synergy: Architectural origins and competitive consequences [J]. Information Systems Research, 2018, 29(4): 829-848.

|第三篇|

数字生态竞争战略

第 7 章

生态内竞合战略

打开手机中最常用的绿色软件，可以发现，微信不再仅仅是我们用来社交的即时通信工具，其小小的图标背后，除了连接数以亿计的个人，更嵌入了成千上万的企业。运用微信，不同的企业可以通过订阅号功能传播思想、文化，也可以借助服务号功能向用户提供电子菜单、支付通道、信息查询等各种功能接口，真正实现对服务流程的"二进制化"改造。再比如，当我们点开手机的应用收纳条时会发现，里面可能有近一半的产品都贴有"阿里系"的标签，从大宗家电到社区商超，从慈善公益到文化娱乐，从支付缴费到基金理财……用户的每一次点击、每一次购买，都将化作一股能量波，沿着生态链不断扩散，不断放大，最终传遍整个阿里巴巴所构筑的"二进制世界"。

　　传统竞争大多都是关于产品特性和成本的激烈竞争，而在数字世界，游戏规则已经发生改变，竞争不再是"你死我活"的输赢之争，也不再是老式的"一对一"直接竞争，而是生态系统中既相互依存、相互促进，又相互竞争的复杂关系。那么，企业应该如何根据新的游戏规则来创造并维持竞争优势呢？很多企业已经开始实施的一项战略就是，将自己整合进一个与自己拥有共同价值主张的数字生态系统中，通过与系统内其他参与者的交互来为用户创造更多价值，共同做大蛋糕、拓展生存空间。例如，为了更好地转型升级，重庆汽摩交易所提出交易和服务的在线化和数字化，依托交易所的资源和信息优势，构建生态来聚合汽摩行业的优质资源，实现行业内成员和流量共享。又比如开源软件的标杆企业红帽（Red Hat）为了进军云计算领域，选择加入由 NASA（美国国家航空航天局）和云计算中心 Rackspace 联合发布的 OpenStack 生态。

　　在数字技术赋予企业降维打击能力的今天，数字生态系统越来越受到大家的青睐，各行各业都充斥着形形色色的生态系统，各个生态中又集聚着千千万万家参与企业。仔细观察便可发现，即使在同一生态系统中，企业也占据不同的位置、扮演不同的角色、采用不同的战略来耕耘自己的"一亩三分地"。那么，到底什么是数字生态系统？数字生态系统中的不同企业又是如何维持竞争优势的？

　　本章从系统缔造者和系统参与者两类视角，来带领大家畅游数字生态系统，探究数字世界的生存法则。对于生态系统中的缔造者而言，他们为了更好地适应数字经济时代的游戏规则、创造更多价值，既会通过赋能和让利的方式，为参与者提供生存空间和互补式创新机会，也会通过收取一定的租金或者直接下场展开竞争的方式来守护自己的价值蛋糕。对于系统参与者而言，既要与系统中处于共同生态位的参与者竞争，也要遵循合作共生逻辑，以突破自身的资源能力限制、实现价值共创（见图 7-1）。接下来，让我们一起来探索价值共创的生态系统时代！

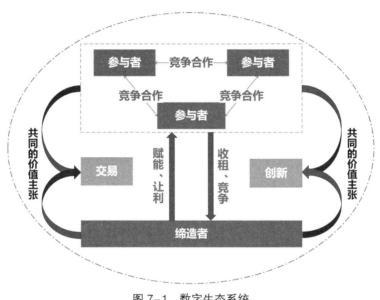

图 7-1　数字生态系统

数字生态系统：在二进制的世界里同行

在开启这次数字生态之旅前，我们首先需要了解什么是数字生态系统。为此，我们将"数字生态系统"拆解为"数字"与"生态系统"两个部分，分别加以论述，期望能够化繁为简，帮助读者真正把握数字生态系统的概念内涵与本质特征。

解构数字生态系统

生态系统是生物学的基本概念，指在一定时间与空间中，生物与生物、生物与环境之间通过交互作用而共同演化，最终达到并保持平衡状态的动态系统。将生态系统中的生物群落替换为企业联盟或是产业集群，将生态系统中的自然环境替换为市场环境，一个商业生态系统就此诞生。而所有生态系统都保有自然生态系统最本质的特征——自我平衡与自我演化。

当然，要想揭开数字生态系统的面纱，了解其与我们耳熟能详的各类生态系统的本质区别，还需要回归到数字技术、数字创新的本质。在《数字创新》一书中，我们曾对数字技术的特性和本质进行了详细介绍，这里简要回忆一下：

- 数字技术指在计算机软硬件的协同配合下，将视频、音频、文字、图片等信息载体中的内容要素转化为计算机能够识别的二进制数字"0"和"1"后进行运算、储存、传输等工序的技术。
- 数字创新则是指利用数字技术进行创新的过程，通过引入数字资源和数字能力，实现产品创新、流程创新、组织创新、商业模式创新。

基于以上对生态系统、数字技术和数字创新内涵的理解，我们再来尝试对数字生态系统做出定义。一方面，从技术架构上看，数字生态系统的内核是由一系列技术模块耦合、衔接而成的技术平台。例如阿波罗无人驾驶平台，就是由百度 AI 开放平台开发的一个开放的、完整的、安全的技术平台，通过提供高精度地图、仿真引擎、车辆数据、空中下载技术（overthe-air technology）、语音交互技术、开源软件和车辆硬件等模块，帮助汽车行业及自动驾驶领域的合作伙伴结合车辆和硬件系统，快速研发、测试和部署自动驾驶车辆，并将那些想要搭建一套属于自己的自动驾驶系统的用户都纳入进来。

另一方面，从市场结构来看，数字生态系统包含了大大小小数十个甚至数百个利基市场，每一个市场都有相应的参与者落位经营，我们日常所接触的淘宝、京东等电商平台就是典型的例子，每一个品类下都有一定数量的商家在提供相应的产品和服务。在生态系统能量的灌输下，系统内企业可以更好地触达客户、培育客户、扩展客户，通过快速连接和不断迭代满足数字经济时代用户对方便和快捷的追求，从而获得稀缺的用户注意力和时间，实现资源变现和生态系统扩展。随着越来越多的利基市场以及垂涎这些市场的企业被吸收进来，规模经济、范围经济与速度经济开始发挥威力，正向循环的机制由此形成。

总结来说，我们认为数字生态系统是个人和组织为了实现共同的价值主张，利用数字技术平台进行产品、服务创新和交易的联合体，具有技术平台和多边市场的双重特点。

数字生态系统的缔造者与参与者

数字技术的连接属性降低了各方参与者进入生态系统的难度，因此，现实生活中一个数字生态系统的体量往往是非常庞大的。例如，小小的一个抖音 App 就可以连接起包括内容生产方、MCN 机构、广告商、电商、技术支持商（如拍摄支持商、数据技术支持商等）、物流商、用户等在内的几亿人。为了化繁为简，本章将栖息于数字生态系统中的"生物种群"划分为缔造者和参与者两类（见图 7-2）。

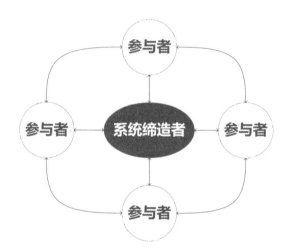

图 7-2　数字生态系统中的两类角色

● **数字生态系统的缔造者**

　　缔造者是提供底层数字基础架构及其相关服务，并履行系统的维护与治理职能的焦点企业，构筑了支撑系统不断演化、不断扩张的底层技术根基和上层制度大厦。尽管生态系统有自我生长、自我组织、自我维序等特点，但在整个系统从混沌走向有序的原始阶段，作为生态系统缔造者的焦点企业仍有着"编排"各种资源与流程的义务。然而，矛盾的是，尽管在系统内焦点企业是"游戏规则"的制定者，决定了什么能干、什么不能干，但在实际执行过程中，很多参与者的行为在很大程度上并不可控，需要焦点企业通过制约、调解、激励、服务以及建立良好的关系等方式来引导（见案例聚焦 7-1）。小红书作为生态系统的缔造者，通过去除"杂草"构建了一种新的治理关系，这与传统的战略联盟、兼并收购、合资经营等基于正式契约或股权联结的组织合作形式有着本质上的不同。

案例聚焦 7-1

小红书如何除"杂草"

作为生活分享类的社区平台，小红书从 2013 年起至今，不断地扩大自己的"种草"边界，从美妆、护肤等内容分享到涵盖美食、旅行、穿搭、数码等各种品类的消费经验，以及健身、教育、理财等生活方式分享，再到加入电商和直播模块，小红书生态中的参与者也不断丰富，涵盖了内容创造者、广告商、MCN 机构、商家、用户等各类主体。面对如此巨大的"金矿"，一股"淘金热"也随之而来，低质内容的创作者、虚假推广者与他们背后的产业链不断涌入生态，虚假广告、诈骗引流、内容代写、低俗媚俗内容传播、接私单等行为不停地侵扰着社区内容生态，甚至一度因为内容违规被用户举报，小红书在多个应用商城被下架处理。如何管理这片"草场"成了一个大难题。

为此，2020 年小红书启动了"啄木鸟"计划，通过"多维度算法模型＋人审"的双重审核方式进行地毯式排查和全量笔记覆盖，对违规者进行断流甚至封号处罚，以此来拔掉那些破坏小红书生态环境健康的"杂草"，全力打造"真实、向上、多元"的社区文化。除了这些惩罚措施外，小红书也通过"内容创作扶植政策""百亿计划"和"时尚 C 计划"，对泛知识、泛娱乐品类创作者和新生代的美妆时尚博主进行定向扶持，鼓励优质内容的生产和传播。这一系列治理手段的效果十分显著。小红书公布的 2020 年第二季度社区生态治理报告显示，当季处理涉嫌刷量笔记 66 万篇，实时拦截和清理黑产刷量行为超过 1.3 亿次，评论广告举报量环比降低了 44%。

资料来源：小红书．小红书"啄木鸟"计划 我们要注意什么 [EB/OL].(2020-09-28)
[2021-02-10].https://www.xiaohongshu.com/discovery/item/
5f70fe8a000000000101f173.

● **数字生态系统的参与者**

参与者是利用缔造者所提供的数字基础设施开展互补式创新的企业，通过整合生态系统中的数字资源，实现自身的能力提升和价值创造。因此，参与者需要将自身资源与系统内的公共资源进行交叉整合的动态能力。从供需关系来看，参与者又可以进一步分为供方参与者和需方参与者。供方参与者指利用焦点企业所提供的数字基础架构开展互补式创新的组织，这里的创新既可以指技术或产品创新，如开源社区中的开发者利用已搭设好的开发框架编写新的程序，也可以指过程或商业模式创新，如传统零售企业借助淘宝、京东、拼多多等数字交易平台打造 O2O（online to offline, 线上到线下）的新零售模式。相应地，需方参与者则指进入系统以搜索、识别、评估、购买和使用供方参与者所提供的产品或服务的终端消费者，例如云计算生态系统中的用户、电商生态系统中的购买者等。

数字生态系统中的价值创造逻辑

网络效应是数字生态系统与其他经济组织相区别的关键[1]，这种效应决定了在数字生态系统中，一项产品或技术的经济价值和扩散速度不仅取决

---

[1] Rietveld J, Schilling M A. Platform competition: A systematic and interdisciplinary review of the literature [J]. Journal of Management, 2020, 47(6):1528-1563.

于自身的先进性和可用性，更在于互补品的规模和可获得性 [①]。因此，在数字生态系统中，价值创造的过程实质是通过扩大安装基、使用终端等互补品的规模，使产品或技术的使用者数量快速达到网络效应临界值的过程。以电子游戏行业为例，为更多地创造价值，企业会先通过内测、公测等形式，尽可能早地形成具有一定规模的用户群体，还会针对苹果 iOS、谷歌安卓、任天堂 Switch 等多个主流平台推出相应的兼容版本，尽可能地提高产品上市后的扩散速度。

除了互补品，要想快速达到网络效应的临界值，模块化与标准化同样十分重要。模块化组件、TCP/IP 协议、USB（通用串行总线）接口、API、开源许可证协议（如 GPL、LGPL）是背景多元、专业各异的参与者能够紧密围绕同一套技术架构、价值主张来共同创造价值的先决条件。

- 模块化能将整个复杂的技术系统拆解为互不相连的技术模块，分别交由不同的生产线作业，通过实现精细化的劳动分工以提高生产效率。然而，在原来的技术系统中，各模块常常盘根错节，不仅对拆解提出了极高的技术要求，拆解后重新装配更是一个巨大的技术难题。

- 标准化刚好解决了模块化的这一困扰。通过设置标准化的模块对接口径，或是在各模块中嵌入可即插即用的功能接口（如 API），将各模块间原本紧密的耦合关系简化为标准的连接规则，进而"隐藏"技

① Kapoor R, Furr N R. Complementarities and competition: Unpacking the drivers of entrants' technology choices in the solar photovoltaic industry [J]. Strategic Management Journal, 2015, 36(3):416–436.

术本身的复杂性 ①。

从某种角度上讲，正是模块化和标准化成就了网络效应在数字生态系统中发挥的强大威力，因为只要有一套可自由拼接的模块和规范统一的标准，用户就可以源源不断地接入，推动整个生态系统不断向广袤的空间扩张。

系统缔造者的退与进

过去的创业主体往往都是企业家个体或者团队，而现在的创业主体可以是焦点企业——它们于混沌中开辟出一个孕育万物、广纳众生的数字生态系统。但随着生态系统日渐繁荣，一个难题横在了焦点企业面前：一方面，作为生态系统的缔造者，焦点企业有义务为群落生长和繁衍提供制度和资源，即创造公共利益；另一方面，作为自负盈亏的经济组织，焦点企业需要谋求自身生存与发展，即获取私人利益。面对进退两难的窘境，焦点企业该何去何从？

为"价值创造"而退

作为生态系统的缔造者，焦点企业除了对参与者行为进行基于制度的治理来提高系统整体的价值输出能力，确保生态系统沿正确的方向扩张与演化外，还会对参与者进行基于资源的赋能与让利，让能量波沿着连接线

---

① Gawer A. Bridging differing perspectives on technological platforms: Toward an integrative framework [J]. Research Policy, 2014, 43(7):1239.

传到生态系统内的各个节点，激活参与者。

- 赋能参与者

　　正如之前所说，由焦点企业打造的数字基础架构是整个系统得以有效运转的前提条件。数字基础架构及其相关设施对参与者的赋能作用主要体现在以下两个方面。

　　首先，为参与者在同一技术体系中开展合作创造了有利条件。焦点企业通过对数字基础架构进行模块化的设计和标准化技术口径的设置，大幅降低了跨边界沟通成本，提高了企业间的合作频次与强度。

　　其次，为参与者提供了利用数字资源开展运营与创新的宝贵机会。企业尤其是中小企业往往缺乏足够的资源来搭建底层的技术架构，导致数字战略无法实施。而依托于焦点企业所提供的操作软件、交互界面等数字基础设施，参与者可以对包括组织管理、技术研发、产品开发等在内的各个流程进行数字化改造，享受数字经济带来的红利。例如，"生意参谋"作为淘宝推出的数据分析工具，根据各商品引流情况和访客来源渠道的变化（是否来自手淘推荐、手淘搜索等），帮助卖家实现产品与渠道的最优组合，打造出全新的"爆款"产品。又比如，加拿大的 Shopify 作为一站式 SaaS（software-as-a-service，软件即服务）模式的电商服务平台，其完善的生态系统集云端建站、库存管理、多渠道销售等功能和技术于一体，至今已经赋能了 180 个国家和地区的 100 万家企业搭建和运营自己的电商官网（见案例聚焦 7-2）。

案例聚焦 7-2

Shopify 助力 Snapmaker 开启 DTC[①] 历程

　　Snapmaker 是一家来自深圳的 3D 打印机生产商，打造了集 3D 打印、激光雕刻和 CNC（计算机数字控制）雕刻这三种常用功能为一体的产品，在个人使用场景领域可谓已经做到极致。成立初期的 Snapmaker 主要通过在众筹网站 Kickstarter 上进行众筹的方式，来验证市场对产品的反馈，在结束众筹后，通过在自己开发的独立网站进行直销的方式，为这些对自己产品感兴趣的用户提供购买渠道。

　　但是，在进行官网的扩展功能研发时，Snapmaker 发现需要投入的人力和时间超出了其想象。为了不断提升建站效率、优化用户体验、实现品牌展示和销售转化目的，Snapmaker 转而使用 Shopify 建立独立官网，实现预售并沉淀更详细的用户数据。随着二代产品的推出，Snapmaker 发现由于一、二代产品配件的不兼容，用户经常会因为购物失误而退款。为此，Snapmaker 又升级到了 Plus 服务，通过服务包中提供的 Script[②] 专享工具实现了不兼容产品购买后提示用户的功能，大大降低了退款率，也减少了问题订单的客服处理时间，每月至少减少 16 小时的客服工作量。

　　除了改善用户消费环节的体验之外，随着 Snapmaker 销量的增长，Snapmaker 在 Shopify Plus 的支持下，使用店铺克隆功能简单高效建立分站点，快速拓展多国家市场渠道，仅仅用了三周时间就建立起欧洲站，迅速

---

① DTC 是 direct-to-consumer 的缩写，是指直接面对消费者的一种营销模式，包括任何以终端消费者为目标而进行的传播活动。

② Shopify 提供给 Plus 用户的服务，包括可协助用户编写指令码的范本，还能协助用户测试指令码，及时发现错误。

覆盖目标市场。

资料来源：改编自 Snapmaker. 始于 Kickstarter 的明星三合一 3D 打印机 Snapmaker 如何通过 Shopify 开启 DTC 历程？[EB/OL].(2020-09-10)[2021-03-03]. https://www.shopify.cn/case-study/snapmaker.

除了通过搭设数字基础架构赋能参与者，焦点企业还会投入大量资源来帮助参与者提高利用数字资源的能力，如帮助它们更快、更准确地触达核心客户，捕捉市场机会以及寻找创新伙伴等。IBM、苹果、谷歌等科技巨头每年都会举办世界开发者大会，为数以万计的程序开发者搭建秀台，让他们能够在线下面对面的交互过程中快速达成关于未来项目开展方向的共识[1]。而大会组织者发布的统计年鉴、发展指南等也均被证明对生态系统内各项目团队的代码更新频次、成员流动速度、权力分配方式等具有积极的作用。

● 让利参与者

为快速跃过网络效应的临界值、抢占有利市场位置，在数字生态系统发展初期，焦点企业会表现出对利润的分外"慷慨"，通常会采取市场渗透定价等策略来吸引原始用户进入，有的甚至自掏腰包进行价格补贴。例如，为积累原始用户，移动打车平台滴滴出行在起步阶段就曾拿出数百亿元"烧钱"补贴司机与乘客，有一段时间，叠加各类优惠券后用户甚至可以实现"零元打车"；而为了招揽卖家入驻，淘宝时至今日也不抽取任何交易佣金，而只是通过花呗交易、流量直通车等互补性服务收费。

---

[1] Foerderer J. Interfirm exchange and innovation in platform ecosystems: Evidence from Apple's world-wide developers conference [J]. Management Science, 2020, 66(10):4772-4787.

为"价值获取"而进

经济组织的本质决定了焦点企业需要通过向参与者收取租金作为补偿。例如，潮货交易平台得物就会从买卖双方的每笔交易中收取 2% ～ 5% 不等的手续费以赚取利润。从经济学的角度来看，"收租"是焦点企业为获取价值、保持系统建设原动力的必要手段。但是，如若向前迈步的方式和程度拿捏不当，迈入了参与者心中的"雷池"，动了参与者的奶酪，就可能会遭到它们的反抗（见案例聚焦 7–3）。当然，除了收取租金外，为了更好地享受自己的价值蛋糕，生态系统内的跨角色竞争也会发生，接下来，我们将焦点企业"为利而进"的方式归纳为防御性和侵略性两种。

案例聚焦 7-3

餐馆和外卖平台为何"反目成仇"？

外卖平台和餐饮商家本应是合作共赢的典范，但是印度南部的一些餐馆却和外卖平台杠上了，甚至爆发了集体抵制事件。印度喀拉拉邦的一些餐馆宣布，自 2018 年 12 月 1 日起不再接受 Zomato、Swiggy、Uber Eats、Foodpanda 等外卖平台的订单，发起"退出外卖平台"（#Logout）抗议活动。喀拉拉邦酒店和餐馆协会（KHRA）也及时进行了响应，为了对抗这些外卖平台，喀拉拉邦酒店和餐馆协会甚至考虑推出自己的外卖应用。到底是什么原因引发了这场声势浩大的抵制呢？

当地的餐馆老板表示，外卖平台对他们的抽佣很高，Uber Eats 和 Swiggy 会收取 33% 的佣金，Zomato 则会收取 22% 左右。如此高额的抽佣导致他们完全无钱可赚。位于孟买的一家餐馆注册了 Zomato 后不仅需要支付 550 美元的准入费，每一份订单的佣金居然高达 28%。

此外，线上活动和优惠政策对用户的补贴成本也被悄悄转嫁到了商家身上。例如 Zomato 推出的"Gold 计划"，消费者只需要支付 14 美元的年费就可以享受到店用餐买二付一的优惠。这一优惠政策虽然吸引和满足了消费者，但是却牺牲了商家的利益。商家们纷纷表示"做了赔钱，不做没生意"，"如果不参加活动，在平台上的排名也会越来越靠后"。

除此之外，这些平台还通过竞价推广和关键词推广来进行店铺引流。通过竞价排名，商家只要花钱就可以买进排名靠前的位置，平台后续再按照点击量收费，支付额取决于推广强度，强度越高，支付额越高。这虽然增加了平台自身的利润空间，但是却进一步挤压了商家们原本就已经所剩无几的利润。为此，商家们不得不揭竿而起。

在 #Logout 活动兴起后，面对商家们的声讨，Zomato 首席执行官戈亚尔（Goyal）在推特上向餐馆就对其造成的压力致歉，并向所有加入 Zomato "Gold 计划"的餐厅发送了一封电子邮件，承诺做出 10 项整改，其中包括优惠仅限每天一次和年费提价至 25 美元左右。

资料来源：红餐网．闹翻了！餐饮商家集体抵制外卖平台 [EB/OL].(2018-12-10)
[2021-02-10]. https://www.sohu.com/a/280745696_103830.

● 防御性

从防御性出发，焦点企业会对生态环境进行扫描，识别出潜在威胁者，并采取相应行动。这些参与者往往与焦点企业存在业务重叠，或仅用支付很低的成本就能进入焦点企业的业务领域。如果参与者已经与焦点企业形成竞争关系，且具备了撼动焦点企业稳固地位的潜力，那么将会有极大可能遭到"封杀"。焦点企业会通过一系列治理手段，在保证参与者整体盈利水平的基础之上，重点限制这些它们认为的挑战者的利润边际与活动范围，必要时甚至会将其直接"逐出"生态圈。例如，当年蘑菇街和美丽说不断发展壮大，引起了阿里巴巴的忌惮，阿里开始停止与它们合作、禁止它们入场，甚至禁止蘑菇街使用支付宝，将它们拒绝在阿里生态圈门外。当然，这做法并非没有代价：做一个强力但并不公允的"执法者"有违基本的生态治理逻辑，会有损焦点企业在参与者中的声誉。例如，潮货交易平台得物对一些热门商品售卖权的取缔就遭到了众多用户的投诉。

● 侵略性

当嗅到参与者背后的市场有利可图时，焦点企业可能会表现出更具侵略性的姿态，在未受任何威胁的情况下从参与者口中"夺食"，可谓"身怀利器，杀心自起"。例如，苹果在自己的应用商店推出了 Apple Music，与热门音乐软件 Spotify 展开竞争，在应用更新和上线以及相关运营上，Apple Music 享受了"亲儿子"的待遇，相比 Spotify 享有一定特权。此举不仅会使准备加入生态系统的潜在成员打退堂鼓，还会让身处生态系统的成员萌生退意。例如，有研究发现，亚马逊进入诸如电子产品、运动装备等热门领域会造成这些领域中的卖家尤其是中小卖家流失[1]。参与者和准参与者就焦点企业"抢饭碗"行为做出的反应具有其合理性：焦点企业作为"创世者"在生态系统中具有无上的裁决权和他人无法匹敌的数字资源，倘若带着这些权力与资源下场，同参与者在本就不胜拥挤的市场中竞争，那么生态系统内的种群势必

---

[1] Zhu F, Liu Q. Competing with complementors: An empirical look at Amazon.com [J]. Strategic Management Journal, 2018, 39(10):2618-2642.

会对这位"创世者"的正当性产生怀疑，最终影响整个系统的平衡。

如何做一个好的系统缔造者

为保持并提升数字生态系统的生命力，系统缔造者该如何做呢？随着生态系统中物种数量的不断增加和种群规模的不断扩大，越来越多的企业慕名而来，加入系统的创新内循环，并从生态中汲取养分。然而，参与者数量的增加同样意味着系统治理难度的提升，如若不进行适当干预，整个系统的价值输出能力会受到很大影响。要想成为一名合格甚至优秀的系统缔造者、积极推动生态系统的价值共创，我们认为，焦点企业至少需要做好以下两点（详见案例聚焦 7-4 ）。

第一，营造公平透明的竞争环境。在赋能和让利参与者的过程中，焦点企业的好意有时会被曲解甚至操纵：参与者不仅担心在深度嵌入数字基础设施的过程中逐渐丧失自主权、任人摆布，还怀疑焦点企业会主动利用位置来窃取其创新成果。此外，参与者还担心与焦点企业在资源基础、权力关系等方面的不对称性同样会反映在最后的收益分配上，即从创新中获益的主体变为他人而非自己，辛苦半天，最后沦为"为他人作嫁衣"。为了不干这样的"冤枉活"，参与者在参与生态创新时往往有所保留。

要解决这些问题，调动参与者的创新积极性，焦点企业需要营造一个公平透明的环境——在具有高度共识的生态规则的约束下，保证参与企业的有序竞争[1]。实际上，建立公开透明的竞价机制不仅有助于实现价值在参

---

[1]　Lan S, Liu K, Dong Y. Dancing with wolves: How value creation and value capture dynamics affect complementor participation in industry platforms [J]. Industry & Innovation, 2019, 26(8):943-963..

与者中的最优分配，还可以防止某家企业成长得过于庞大以致动摇生态平衡。同时，也不难理解壁垒的筑成和徇私协议的签订常常标志着整个生态系统开始走向瓦解。

第二，促进各类参与者深度交互。不同的参与者在系统中所扮演的角色有所差别，有的面向 C 端，有的面向 B 端，彼此形成互补关系，共同构成整个系统，都是进行价值输出时必不可少的环节。要提高系统的"能量载荷"，需保证各类参与者能够在现有生态基础架构上实现业务层面的深度交互。以淘宝为例，除了为提供终端商品的淘宝卖家打造千牛卖家平台，以方便其开展数字化运营，淘宝还打开第三方接口，针对这些卖家的需求引入对公业务的外部服务商，包括爱用交易、火牛交易、赤兔交易等订单处理服务商，以及旺店宝、普云商品等商品管理系统供应商等。以千牛卖家平台为媒介，淘宝卖家和外部服务商可以直接就订单管理、数据参谋、店铺装修等业务环节达成交易。

案例聚焦 7-4

IBM——在开源经济中构建数字生态系统

早在 20 世纪 90 年代末，为与微软逐鹿网页服务器市场，在当时已经位居全美计算机领域专利持有量之首的 IBM 就率先拥抱开源，注资 Apache 开源社区，成功完成了对微软 IIS 服务器的阻击。截至目前，全球有超过 1 亿个网站依托 Apache 网页服务器运行。

不过，IBM 从未将脚步停留在仅仅是开发开源软件以补充主营产品线上，其目光远长于此。2001 年，IBM 正式宣布将旗下备受好评的 Java 开发工具 Eclipse 开源，以替代收费软件 Visual Age for Java，由此拉开了构建数字生态系统的大幕。

　　IBM 知道，要将 Eclipse 打造为真正的数字生态系统，使其他企业和个人无所顾虑地入驻，就必须明确其在系统中的地位，并将自身的权威限定在一定范围内，不致引起参与者对系统公平性的顾虑。为此，IBM 携手 Red Hat、SuSE、QNX 等一共 9 家厂商，通过建立联盟的形式共同推动 Eclipse 发展。当然，IBM 深谙联盟与生态系统存在不小差异。于是，2004 年，IBM 出资 4000 万美金，成立完全独立的、非营利性的基金会，对 Eclipse 进行中立化治理（见图 7-3）。所谓中立化治理，即核心企业、领先用户等多方利益代表成立委员会，通过投票的形式对所有使用 Eclipse 的成员进行共同治理。IBM 这一极具魄力的决策真正成就了 Eclipse，使其发展为如今拥有超过 300 位注册企业成员和数以万计的个体开发者的数字生态系统。

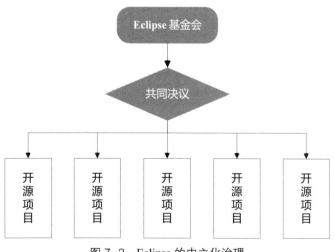

图 7-3　Eclipse 的中立化治理

除了通过限制权威来声明自身在生态系统中作为公允的治理者的定位，IBM 还制定了一套公开、透明的竞争机制：不同级别的会员有哪些权益，分别需要什么样的条件，知识产权如何统一管理，基础设施使用权如何分配……此外，为促进开发者交互，IBM 和 Eclipse 基金会每年都会面向全世界举办开发者大会，为各个项目团队牵线搭桥，并提供大量的信息资源。

资料来源：Genger M, Oba B. Organising the digital commons: A case study on engagement strategies in open source[J]. Technology Analysis & Strategic Management, 2011, 23(9): 969–982; Munga N, Fogwill T, Williams Q. The adoption of open source software in business models: A Red Hat and IBM case study[C]. Conference of the South African Institute of Computer Scientists & Information Technologists. DBLP, 2009.

系统参与者的和与争

和与争，从来就不像硬币的两面那般非此即彼，对于生态系统中的参与者来说更是如此：一方面，它们需要为了整个生态系统的有序运转而相互合作，共创价值；另一方面，它们还要为自身的生存与发展而相互竞争，瓜分价值。为"生态繁荣"而和，为"个体生存"而争，成为这些参与者企业最基本的两种行为。

为"生态繁荣"而和

与传统价值独占逻辑不同，在数字生态系统中，企业对于经济价值的创造与分配有了新的理解。在原来的产业集群情境中，价值创造和价值获取被视作两个相对割裂的活动；而在数字生态系统中，价值创造和价值获取两类活动高度融合。

如前所述，数字平台的出现使得数字生态系统的价值创造逻辑发生了质变，其实质是通过扩大互补品的规模，使产品或技术的使用者数量快速超过网络效应临界值的过程。这一基本逻辑决定了生态系统中的参与者不再绞尽脑汁地从有限的蛋糕中分到尽可能多的份额，而是关心如何将蛋糕做大。从期望与焦点企业、用户、供应商等利益相关者建立排他性的交易关系，到为助力系统扩张而形成包容性的协同创新网络，甚至不惜将内部核心资源开源，参与者真正实现了为"生态繁荣"而和。

简而言之，在数字生态系统中，参与企业开始关注公共利益的创造，而非私人利益的获取，通过牺牲短期的个人利益换取长期的生态利益。而由于在数字生态系统中价值创造与价值获取高度相关，生态繁荣所产生的红利最终也将辐射、反馈给全部参与者。

为"个体生存"而争

当然，由于资源始终处于相对有限的状态，参与者间的竞争依旧无可避免。数字生态系统中，这种竞争表现为企业利用数字化资源与能力来实现产品、流程、组织以及商业模式的创新，进而快速触达用户、培育用户、黏附用户。对数字资源的配置能力的高低就成为决定企业成败的关键。拥有大量数字资源并且对这些资源具有敏感嗅觉的企业能够对市场需求做出及时快速的响应，率先吸引用户的注意力。例如，淘宝中的部分头部卖家能够通过旗下产品销量的变化，准确遴选出在未来可能成为爆款的商品，并在适当的时间节点借助"流量直通车"服务开展营销活动，抢先占领市场。

除了"明争"，还有"暗斗"。参与者不仅忌惮焦点企业可能的"夺食"

行为，对其他参与者也多心有芥蒂，有时甚至还会互生嫌隙，影响整个系统的价值输出能力。为占据主动权，有些甚至会抢占生态公共资源，例如与平台主签订独家引流协议，或雇佣"水军"抹黑竞争对手等，由此形成所谓的组内恶性竞争。还有的，在羽翼日渐丰满后，不再满足于目前的价值分配，或认为现有的治理机制束缚了手脚，于是便开始自立门户，试图建立自己的生态系统，对这些旧时伙伴进行"降维打击"。

如何做一个好的系统参与者

如果说焦点企业在系统启动阶段发挥了无可替代的作用，那么参与者则是系统在快速扩张、演化阶段不可或缺的角色，甚至从某种程度上讲，在基础设施搭建完毕、系统运作走上正轨后，相比焦点企业，参与者在决定整个系统能否持续繁荣的过程中发挥了更为关键的作用。而要成为一个好的参与者，企业至少需要做好以下三点（详见案例聚焦7–5）。

第一，匹配系统价值主张。价值主张被定义为组织向顾客做出的价值承诺，是理解生态系统区别于其他经济组织形式的关键。不同的生态系统往往形成不同的价值主张，为参与者提供的价值也千差万别。例如，同为操作系统，iOS和安卓形成了两套截然相反的价值主张体系：前者通过技术闭源以保证参与者对于价值的独占地位，同时保证整个系统创新产出的基本质量；而后者则通过技术开源来打破阻碍知识产生和扩散的屏障，最终实现公共价值最大化。因此，参与者需要结合自己的价值主张，选择最为匹配的生态系统进入，进而更好地与志同道合的同行者们共创价值。不然，当企业与整个系统无法在价值创造以及价值获取的理念和方式上达成一致时，其在系统中的行动空间将受到限制，严重的话甚至会被驱逐。

第二，明确在系统中的独特定位。数字创新的自生长性决定了同质化竞争是一条"死胡同"，并不能使参与者在数字生态系统中长期立足。例如，在淘宝页面上，用户浏览的永远是算法推荐的头部卖家的产品，它们或价格实惠，或质量过硬，而哪头都不占的同类卖家只能被收叠在搜索结果尾页，极少有机会进入买家视线。因此，优秀的参与者需要在系统中形成独特定位，并以此来构建自身的核心竞争优势，这种优势既可以体现在价格、质量等产品属性上，也可以体现在数据算法、引流渠道、精准营销以及市场预测等数字资源与能力上。

第三，遵守系统既定规则。数字生态系统具有典型的自组织特征，其绝大多数治理规则是生态系统内的种群通过自下而上的方式，在不断交互、试错的过程中自发形成的，具有高度的认知共识。这就与传统基于科层的正式治理有本质不同：曾经不守规矩的代价可能是警告、整改或罚款，而如今不守规矩的代价则是合法性的丧失。如果企业一再僭越规则，甚至侵害了其他参与者的权益，那么久而久之，该企业的合法性就会消失殆尽，甚至无须焦点企业出面，就会自动被系统内的其他参与者群起而攻之。这在开源社区中尤为典型，例如那些不遵守开源许可证协议关于代码二次开源的规定的企业，会受到上至理事会下至个体用户的全面抵制。

案例聚焦 7-5

红帽——在云计算的生态中"再次出发"

提到红帽，很多人第一时间想到的是开源和 Linux。不过，在操作系统、中间件等传统领域扎根经营 20 余年后，红帽有了新目标——云计算。对红帽而言，要想跟上甚至领跑这一迭代迅速的前沿集成性技术，进入以云计算为核心的数字生态系统可能是唯一可行的方案。不过，对于一家传统技术厂商而言，要想同生态系统携手并进，还有许多问题需要解决。

第一个要解决的问题是确定进入目标。横在红帽面前的有两个选项，一个是由 NASA 和 Rackspace 在 2010 年发布的 OpenStack 平台，另一个则是由美国思杰（Citrix）发布的 CloudStack 平台。两个生态系统各有优劣，且分别由不同的基金会管理——前者由 OpenStack 基金会自治，后者由 Apache 基金会代管。对此，红帽比较了双方在价值主张、业务模式等方面的异同，发现除了所适用的开源许可证协议不同，OpenStack 更关注企业发展，并提供一整套标准化模块组件，供企业自行组合。与之相对的是，CloudStack 更注重社区建设，提供给生态系统参与者的是已经高度集成的系统框架，更适合技术能力不足的中小企业直接拿去使用或改装。结合自身的利益诉求和技术基础，红帽最终决定长期留在 OpenStack 发展。

在选定目标生态系统后，红帽接下来做的便是找准在系统中的定位，明确自身能为系统提供的价值。很快，红帽将未来的发展方向瞄准了混合云计算解决方案，立志于成为这方面的主导厂商。为实现这一价值主张，红帽实施了一系列战略行动。2012 年，红帽斥资 1 亿美元收购云管理软件厂商 ManageIQ；两年后，连续收购存储产品提供商 Inktank 和开源云计算服务提供商 eNovance；2015 年，又继续收购自动化工具 Ansible。经过一系列并购与整合，红帽逐步具备了实现其独特价值主张的能力。在接连部署 IaaS（基础设施即服务）和 PaaS（平台即服务）的云后，红帽成功跃升为 OpenStack 最为重要和最受关注的参与者之一，吸引了生态系统内数以万计的开发者使用其产品作为开发工具。

如今，红帽已然成为云计算生态系统中的领先厂商，完成了从参与者到使能者的转变，年营业收入突破 30 亿美元（其中与云计算直接相关的收入占到 40%）。找准目标、明确定位、提供价值是红帽在 OpenStack 生态中成功的诀窍，更是其借助生态逻辑实现从 Linux 到云计算的二次崛起的关键。

资料来源：方秀珍. 红帽与 OpenStack 的不解之缘 [EB/OL].(2020-10-31)[2021-02-01]. https://www.zqwdw.com/tuzhixiazai/2020/1031/906808.htm；Linux/apache 问题. 红帽 linux，红帽 linux 发展历程 [EB/OL].(2021-02-16)[2021-02-01]. http://www.iis7.com/a/nr/1616500.html.

第 8 章

生态间的竞争

2014 年 9 月，阿里巴巴集团在美国纽约证券交易所挂牌上市，首日市值超过 2300 亿美元，成为全球范围内规模最大的 IPO 交易之一。2019年，阿里巴巴全年实现营业收入 3768 亿元，同比增长 51%，新增用户超过 1 亿[①]。阿里从 1688.com（一个批发市场）开始，创建了淘宝（一个 C2C市场），然后进入天猫（一个第三方卖家的 B2C 生态系统），然后继续扩展到聚划算（一个销售和营销平台），直至打造出一个巨大的"阿里动物园"，它取得的成就很大程度上可以归功于其所依托的生态系统发展、团结生态系统参与者以共同繁荣的理念，正如其官网上所介绍的那样，"我们的数字经济体的所有参与者，包括消费者、商家、第三方服务供应商和其他人士，

---

① 数据来自阿里巴巴集团公布的2019财年财务报告。

都享有成长或获益的机会"①。

除此之外，腾讯也是数字经济时代基于生态理念发展的绝佳案例，尤其是在文娱产业的布局和发展上。腾讯在游戏、音乐、视频和 IP（版权）等业务方面都有很强的竞争力。腾讯生态系统中的阅文集团掌握着众多小说的 IP，其中的一些优秀 IP 就可以被腾讯影视部门进行二次开发并放到其视频平台上播放，或是被游戏部门开发成游戏，然后通过旗下的直播平台进行宣传和推广。这样基于同一 IP 形成的小说、影视和游戏等多品类产品就可以进行交叉营销，互相溢出和巩固用户，极大提升产品成功率。

从 20 世纪末开始，尽管行业经历从 PC 互联网到移动互联网阶段，又在非连续变化频发的环境下进入 O2O 阶段和 AI 时代的发展过程，但可以发现，屹立巅峰的常青树就是那么几家，"赢者通吃""大者恒大""大象在奔跑"都可以用来描述这些企业的表现。这背后的秘密是什么？简单观察就不难发现它们的共同之处：在核心业务外的多个相关领域开展互补业务，汇聚各类合作伙伴和要素，形成一个有着共同蓝图、相互依赖的网络，可谓之为生态②。嵌入生态系统能够帮助企业利用外部互补性资源来克服自身能力短板，也因此成为新时代企业优化自身价值创造、发掘新价值主张的有力途径。

然而，尽管"生态战略""生态竞争"已经成为企业家时常挂在嘴边的"时髦"词语，但实际上仍然有很多问题有待回答。到底什么是生态战略？什么是生态竞争？不同企业如何采用生态战略来竞争？不同阶段的生态背后，分别需要采取什么样的手段和逻辑来保持竞争力？这背后是否存在某

---

① 资料来源：https://www.alibabagroup.com/cn/about/culture。
② 侯宏，石涌江. 生态型企业的非线性成长之道[J]. 清华管理评论，2017(12)：33-38.

种共性逻辑?

　　本书开篇就提到，数字经济时代，企业间一对一的竞争和较量逐渐让位于企业群组间的对垒和交锋，最为典型的便是生态系统间的竞争。第7章从生态系统内部角度讨论了核心企业与参与者之间为了生态内的价值共创和共享而上演的"爱恨情仇"。本章主要关注生态外部，讨论不同的生态之间的竞争战略。具体来看，本章将生态系统的发展分为三个阶段：构建阶段、成长阶段和稳定阶段（见图8-1）。每一个阶段生态间的竞争重点和竞争逻辑都会有所差异。

图8-1　不同阶段生态间竞争策略

　　第一，构建阶段。该阶段重点在于打破已有的在位生态系统的壁垒，因此企业主要会通过释放生态价值信号和降低参与者进入壁垒的策略来构建自己的生态系统，或是通过蚕食在位生态系统的空间、直接参与其他生态系统的方式来获取竞争优势。

第二，成长阶段。在已经积累了一定的用户和参与者之后，生态间竞争的重点就是要兼顾规模和效率，通过进一步吸引潜在参与者、设计可行的生态架构以及赋能参与者的方式将生态做大做强。

第三，稳定阶段。生态系统已经实现了规模优势，进入了"守业"阶段，如何让生态"焕发新生"是这一阶段的重要目标。为了更好地激发生态系统的创新，就需要积极培育生态内的信任，建立起一套标准化的知识编码体系，同时树立起生态主的权威来保证生态持续发展的动能和后劲。

生态系统的构建：打破在位生态系统壁垒

越来越多的企业开始转变以企业为核心的竞争思路，开始选择通过构建一个自己主导的生态系统来提升竞争优势。在生态系统构建阶段，生态主首先需要考虑的竞争挑战往往是来自在位生态系统的挤压[①]。相比于已经形成明确且稳定的价值创造模式的在位生态系统，新生的生态系统往往会因为发展前景不明朗而难以对潜在的生态系统参与者产生足够的吸引力。因此，在这个阶段，生态主的主要竞争任务就是打破在位生态系统的壁垒，争取到一定数量的参与者，从而顺利构建起自己的生态系统。这些早期参与者的成功加入又能释放一种正面信号进一步拉拢潜在参与者，开启良性循环。为了应对在位生态系统的挤压，生态主在构建阶段，一方面可以积极展示自身生态系统的吸引力，打消潜在参与者的疑虑，鼓动他们加入；另一方面可以更加主动地对在位生态系统发起进攻，通过抢夺和蚕食在位

---

① Williamson P J, De Meyer A. Ecosystem Edge: Sustaining Competitiveness in the Face of Disruption[M]. Redwood City, CA:Stanford University Press, 2020.

生态系统的市场空间来壮大自己。具体来看，生态主可以采取四种竞争战略来构建自己的生态系统。

释放生态价值信号

面对在位者的竞争，企业构建生态系统时应该向潜在参与者明确传递自己的生态系统具有的特殊价值。由于在生态系统构建阶段拉拢到的其他参与者还未成规模，生态主传递参与价值时应该侧重其自身的核心资源与能力，例如可信赖的界面和基础设施、安全可靠的金融工具、流量等，使潜在参与者信服生态主能够使它们从生态系统中获益。因此，利用生态系统来获取竞争优势和利用企业自身资源和能力来获取竞争优势两者并非"非此即彼"的替代路径，而是互相促进的关系。那些已经掌握了核心资源与能力的优质企业，才更有机会打破生态系统的构建壁垒，通过释放生态价值信号顺利构建起自己的生态系统，以此夯实自己的行业地位。

腾讯构建云生态系统的过程正好能够体现这一点。移动互联网和物联网的兴起引发了强劲的云服务需求，也驱动了中国云计算产业的蓬勃发展。阿里巴巴率先推出阿里云生态系统进入中国的云计算市场，迅速占领了行业龙头地位。截至 2018 年，阿里云赋能的企业用户数高达 600 万家并开始逐步拓展海外市场。腾讯相对来说晚了一步。面对在位的阿里云生态系统的竞争威胁，腾讯利用其在游戏和视频领域积累的雄厚顾客基础和存量数据，明确选择以游戏、视频业务为核心打造自己的云服务生态系统[①]。这就向潜在参与者释放了关于其生态价值的有力信号，因而顺利拉拢了众多参

---

① 资料来自民生证券的研究报告《云计算行业专题一：中国云计算巨头对比系列，阿里云vs腾讯云》。

与者加入，腾讯云生态系统得以快速崛起。

此外，要成为一个生态系统的协调者和原动力，对于生态主来说，必须要拥有一套难以复制的优质产品或服务，这可能是强有力的知识产权保护、庞大的用户网络或是强大的品牌效应。例如，Nespresso（奈斯派索）在构建自己的胶囊咖啡生态系统时为其胶囊咖啡申请了专利，只有在其生态系统内的制造商生产的胶囊咖啡才能够与它的咖啡机接口匹配，保障了系统内供应商的权利；而优步和脸书的优势则是为用户提供了非常友好的应用程序，帮助其快速建立起庞大的用户网络。

案例聚焦 8-1

"Works with Nest"生态系统的打造

Nest 公司最初开发的是一款可以远程控制的智能数字恒温器。在 2018 年初被重新引入谷歌后，为了与谷歌不断发展的智能家居业务保持一致，Nest 将其产品系列以谷歌智能助手及其 Google Home 智能音箱为基础进行结合。它们当时的任务很明确：在当时市场中苗壮成长的唯一方法就是尽可能与亚马逊竞争。为了达到这个目标，Nest 添加了一个警报模块，从而构建了一个控制舒适性和安全性的捆绑包。接下来，通过利用数字互联的特性，创建了"Works with Nest"[①]生态系统，企业可以通过与 Nest 的连接来进行创新。例如，LIFX 设计了一个与 Nest 兼容的系统，当烟雾或安全警报被激活时，红色 LED 灯会闪烁，这一系统成为听力障碍的救星。而可穿戴健身追踪器 Fitbit 则可以告诉 Nest 你已经醒了，从而知道如何为你的

---

① 谷歌于2019年5月宣布，它将逐步淘汰"Works with Nest"，过渡到"Works with Google Assistant"，这是一个更广泛、更强大的生态系统。

家取暖。梅赛德斯 - 奔驰的汽车可以使用全球定位系统（GPS），在你到达时告诉 Nest 打开家里的暖气。通过接口开放和生态打造，Nest 从最初的具有远程控制功能的恒温器发展为一个为一系列家庭系统和电器提供远程控制服务的系统，让消费者可以在多种环境下远程控制多种服务和产品，提供了远超预期的价值。

资料来源：Jacobides M G. In the ecosystem economy, what's your strategy? [J]. Harvard Business Review, 2019, 97(5)：128-137.

降低参与者进入壁垒

在生态系统构建阶段提高生态系统吸引力的另一发力点在于扫清参与者加入生态系统的阻碍。即便生态主在推出生态系统时能够传达明确的价值信号，如果潜在参与者难以利用系统内其他主体的资源和能力，则生态系统的吸引力也会大打折扣。所以这个阶段的生态主应该采用多种方式保证潜在参与者能够充分利用到生态内的优势资源与能力。此外，由于生态系统面向知识与能力异质的众多潜在参与者，生态主需要顾及参与者与自身在知识基础上的差异，尽量以易吸收的形式向生态开放自己的资源与能力，例如采用对结构化的知识编码或是线下面对面交流培训等方式，来帮助参与者完成原始积累。

再次以腾讯云生态系统为例。为了降低进入壁垒，腾讯持续向参与者开放包括人工智能、大数据和云计算在内的各项能力，通过设立线上线下培训和认证考试服务网点提供丰富的培训体系和扶持计划。腾讯云生态系统的在线学习平台已经提供了包括基础产品、产品方案、行业方案、运维操作、开发知识和销售技巧等内容的 250 多个视频和幻灯片材料[①]。这些举措能够帮助潜在参与者快速掌握进入生态系统所必需的知识和能力，大大降低参与者进入腾讯云生态系统的壁垒，为该生态系统的成功构建打下了坚实的基础。

蚕食在位生态系统空间

由于在位生态系统已经探索出了相对成熟的经营模式，一些生态主就会利用后发优势，直接通过"抄作业"的方式来加快目标达成的速度。因此，也有一些企业会选择直接瞄准在位生态系统的市场空间，向先发的生态系统发起挑战，通过吸引在位生态目标参与者的方式来构建自己的生态系统。当然，选择此战略的生态主需要充分分析这些潜在参与者多宿主的可能性以及自身能为之提供的更优厚条件，否则仅仅靠模仿已有生态系统的商业模式难以体现自己的相对优势，拉拢足够多的参与者加入的目标也可能无法实现。

这种通过蚕食在位生态系统空间来构建自身生态系统的代表性案例要属美团网。在 2010 年美团诞生之时，成立于 2003 年的大众点评已经基于其积累的海量商家信息和用户评价以团购为中心组建起了完善的生态系统。面对这一市场龙头，美团没有退而避其锋芒，而是选择直接与大众点评争夺生活团购市场，在轰动一时的"百团大战"中大获成功，与大众点评瓜分团购市场的半壁江山。2014 年，美团已经在近 1000 个城市构建起包含近

---

① 环球网. 合作伙伴收入激增11倍 腾讯云加速构建共赢云生态[EB/OL]. (2017-11-08) [2021-02-08]. https://tech.huanqiu.com/article/9CaKrnK5GJe.

80 万户活跃商家的团购生态系统并实现了 460 亿元的年交易额[①]，许多原先与大众点评合作的商家都转为只用美团。由于美团不断蚕食大众点评的生态系统空间，2015 年大众点评最终选择与美团合并，使得美团完成了向团购市场生态领导者身份的转变。

参与其他生态系统

面对在位生态系统的挤压，生态主还可以通过参与其他生态系统来利用生态系统优势巩固自己的竞争地位。一方面，参与其他生态系统能够帮助生态主利用到自身所稀缺的关键知识和能力，快速补足相对于在位生态系统的资源与能力短板。另一方面，生态主通过打入其他生态系统的参与者网络，还可从直接搜寻、吸引到建立生态系统所需的潜在参与者。选取这一竞争战略的生态主需要充分评估其他生态系统所聚集的资源与能力，确保加入该生态系统能够有效弥补自身相对于在位生态系统的能力和资源劣势。当然，生态主还需要考虑自身的资源与能力是否能够为该生态系统提供其所需的附加价值。只有加入其他生态系统能够使该生态系统中的"原住民"从中受益，企业才能与该生态系统建立稳固的合作关系，通过打入该生态系统来迎战在位生态系统的竞争，甚至加速自身生态系统的建立。

让我们来看看网易是如何构建自身游戏生态系统的。众所周知，腾讯是游戏生态领域的先发者，凭借其在游戏领域的领先布局和技术积累较早地构建起了一个"游戏帝国"，成为中国游戏市场的巨无霸。面对一马当先的腾讯，游戏市场的有力跟随者网易近年来也致力于打造自身的游戏生态

---

① 新浪科技. 美团网2014年交易额突破460亿 用户数超2亿 [EB/OL]. (2015-01-01) [2021-02-08]. http://tech.sina.com.cn/i/2015-01-01-doc-iavxeafr9572516.shtml.

系统来增强其游戏业务的竞争力。为了补足自己在支持游戏相关的大数据、计算和云服务等互联网技术方面的短板，网易选择牵手华为，通过加入华为云生态系统来构筑自己的游戏生态系统[①]，以期缩小与腾讯在游戏支持技术方面的差距，同时寻求潜在伙伴加入自己的生态系统，最终推动其游戏生态系统的构建。

生态系统的成长：兼顾规模与效率

在搭建起生态系统后，建立生态的壁垒已经被打破。不过，刚构建的生态系统通常并不具备很强的竞争力，生态主只有继续发力采取其他战略才能发挥其生态优势。生态系统的竞争优势很大程度上取决于参与者的规模，因此生态主下一步应该着力扩大其生态系统的规模，力图实现生态系统的迅速成长。同时，规模经济的实现又会不可避免地带来效率损失的问题。生态系统的价值创造依赖松散耦合的参与者紧密配合实现价值共创。随着聚集的参与者规模快速扩大，协调这些松散耦合的参与者变得日益困难。因此，在成长阶段，为了避免生态系统内的参与者变成一盘散沙，生态主面临的主要竞争任务是要兼顾生态系统的规模和效率，规模越大，效率损失问题就会越突出。当然，规模和效率这两个竞争目标也并非完全对立，解决效率问题也有利于进一步推动生态系统规模的持续稳定扩大。

那么，如何才能兼顾规模和效率呢？我们认为生态主可以从以下三个方面着手。

---

① 　网易游戏官方.网易携手华为布局云游戏，图形引擎技术于杭签署战略合作协议[EB/OL].(2020-06-05)[2021-02-08]. https://www.sohu.com/a/399928241_627252.

吸引潜在参与者

在组建生态系统阶段，生态主的重点任务是使生态"从无到有"，而度过这一阶段后，生态主应该侧重于"从有到全"，针对性地拉拢所需的参与者，以更大程度地实现生态内参与者之间资源与能力的互补与协同。例如，阿里巴巴在建设阿里云生态系统之初，是以数量为导向来拉拢生态伙伴的，而在达到一定的规模后就开始注重伙伴的专业度以充分利用生态伙伴在行业与细分领域的经验积累。目前阿里云生态系统已经集聚了8000多家软件开发企业，遍布咨询公司、行业头部独立软件开发商和系统集成商。此外，在生态成长阶段，生态主继续吸引参与者的筹码有所增加，除了利用自身的核心资源和能力吸引潜在参与者加入，还可以利用已经积累的参与者来进一步吸引其他潜在参与者。因此，在这一阶段，合理布局参与者网络也是进一步提升生态吸引力、让生态系统获得持续的规模成长的关键。

腾讯借助其在云计算、大数据平台和人工智能方面的技术积累已经构建起了腾讯云生态系统，成功在云服务市场占据了一席之地。近年来，腾讯致力于拉拢不同类型的参与者共同打造大而强的生态系统。通过积极吸收应用软件开发公司、第三方电子合同平台企业、超级导购和协同办公领域的头部企业等互补的不同种类参与者[①]，腾讯云生态系统的规模得到了极大提升，也帮助客户企业顺利实现了对内的效率提升和对外的业务增长。此外，这些种类多样的参与者的加入也进一步夯实了整个腾讯云生态系统的吸引力。外界预期，在不久的将来，腾讯在生态系统规模方面能有一个

---

① 互联网+.重磅发布！2019年度腾讯云启战略生态伙伴榜单[EB/OL]. (2019-12-20) [2021-02-08]. https://m.sohu.com/a/361715644_464042.

更显著的成长，逐渐追平与阿里云生态系统的差距。

设计可行的架构

参与者聚拢到生态系统后，生态主需要就如何实现生态主与参与者、参与者与参与者间的有效协同做出合理的结构性安排，即制定生态系统的架构。架构是实现生态内协作的形式，它划定了不同类型的参与者各自占据的利基空间以及这些利基空间如何互补以实现既定的统一价值主张。设计可行的架构在生态系统迅速扩张、参与者加速涌入的成长阶段尤为重要，因为它是减少生态规模增长带来的效率损失的常用方案。

一般来说，满足生态组织效率要求的架构设计需要同时符合不重叠、不遗漏这两项基本原则。首先，要尽可能避免不同利基空间关于实现价值创造方面的重叠。一方面，这是由于利基空间之间业务的重叠可能会导致生态内过度的竞争，进而带来协同效率损耗。另一方面，这种重叠也会导致位于不同利基空间的参与者出现协作配合上的困难。因此，一个高效运转的生态系统总是建立在清晰划分的利基空间的基础之上。其次，要保证利基空间划分的完整性。这就要求生态主对实现整个生态系统价值主张所需的全部资源和能力有一个全局性的把握，确保所有实现生态系统价值主张所需的活动都能被分派到合适的利基空间。同时，生态主还需要根据生态系统业务规划和参与者具体情况进行方案设计。当然，由于生态系统在不断成长，架构设计并不能一蹴而就、一劳永逸。随着生态系统的持续演化，生态主可能需要对原有架构进行调整或重新设计，以最大限度地解决扩张带来的效率损失。

腾讯云生态系统现有的生态架构由转售类、项目类、服务类、联合解决方案类和 OEM 类等五大类构成。转售合作伙伴会把腾讯标准的、基础的云产品卖给最终客户；项目合作伙伴主要是基于客户特定项目与腾讯云一起推出针对客户需求的解决方案；服务合作伙伴针对已经购买了腾讯云服务的客户提供专业技术的维护、运维等售后服务；联合解决方案合作伙伴主要是大中型独立软件开发商，由它们来完成解决方案中涉及软件开发的工作；而 OEM 合作伙伴是某些行业内的优秀企业，针对一些腾讯暂时无法满足的特定需求，腾讯会联合它们探索可能的解决方案 [①]（见图 8-2）。

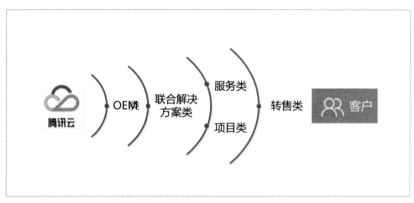

图 8-2　腾讯云生态系统的参与者构成

精准赋能参与者

生态主实现生态系统内高效协作的另一途径在于为参与者赋能。通过赋能参与者，生态主可以夯实和增强生态系统内参与者的能力基础，使生态系统内的参与者达到同生态主或者其他参与者高效协作的要求，从而维持生态运转效率，进一步提升该生态系统对潜在参与者的吸引力。简言之，

---

①　云技术技术技术. 腾讯云合作伙伴生态全景解析[EB/OL]. (2018-06-08)[2021-02-08]. https://www.sohu.com/a/234696260_212034.

赋能参与者的意义在于让参与者发展得更好，只有它们发展得好，生态的价值才能显现。例如，为了将阿里云生态系统做大做强，阿里巴巴在技术和商务方面对生态伙伴进行全方位赋能，借助培训、共议以及和客户互动等方式形成立体的赋能体系，助力合作伙伴能力跃迁。众多伙伴的成长又能够反哺阿里云，为阿里云生态系统带来整体实力的增强。

对参与者赋能存在业务合作、资源投入和人员培训等多种形式，生态主应该根据整个生态系统的要求或者针对参与者的具体情况进行合理选择，"投其所好"才能更高效、更精准地赋能。业务合作是指生态主优先将协作开展某类业务的机会分配给特定参与者，使它们能够以"干中学"的方式通过反复参与某些业务积累经验，建立起关于特定活动的能力。资源投入则要求生态主将财务和市场等资源直接投放给一些参与者，使它们快速获取关于特定业务的能力与资源。而人员培训聚焦于人力资本这一底层的生产要素，要求生态主通过定期培训或者人才输送等方式来帮助参与者的员工获取生态相关的知识与技能。

当然，需要强调的是，密切关注合作伙伴的需求是非常重要的，不仅仅是为了精准赋能，还是为了更好地留存现有合作伙伴。否则，无论你的品牌和市场地位多么强大，很有可能其他新生的生态系统建设者可以提供更好的选择。诺基亚的衰落提供了一个警示，尽管该公司的塞班操作系统一开始是移动电话领域的实际统治者，但它很快就被超越了，因为诺基亚只专注于自己的需求，最后导致被视为供应链可有可无的下属的应用程序开发者和其他补充者纷纷转向安卓系统，生态系统就此走向枯萎。

生态系统的稳定：激发生态创新

经历了迅速扩张的成长期后，生态系统发展迎来了稳定阶段。这个时期，生态系统已经实现了规模优势，生态系统中聚集的资源种类和体量都已经相当丰富。"创业容易守业难"，如何"守业"，如何让生态"焕发新生"是这一阶段的重要目标。稳定期的生态系统除了维持其规模和效率之外，其竞争优势的另一重要源泉在于催化生态系统内的创新。通过探索生态主与参与者间或是参与者互相之间资源和能力新的互补和扩散方式，生态系统的创新潜力得到极大的释放，这也是生态系统这种新型组织形式存在的最突出意义。

稳定阶段的生态系统创新可能由以下三种方式产生。

- **对已有资源能力重新组合产生的创新**。按照既定架构设计交互的参与者可能在协作过程中会发现资源和能力不同的互补形式，从而产生新的创意、发现新的机会。
- **基于学习的自发创新**。在既定架构下紧密协作的参与者有机会互相学习对方的显性和隐性知识，这种生态系统内的知识扩散也是生态系统创新的驱动因素之一。
- **生态主主导的更具计划性的创新**。生态主基于对外部市场机会和生态系统内参与者的资源与能力的全面把握，通过对参与者所属的利基空间进行再分配或者对生态架构进行调整等方式重新安排生态系统内参与者之间的协作，来更好地利用外部市场机会。

　　那么，如何促进上述创新活动的产生来再次释放生态的活力？我们认为，生态主应该从营造有利于创新活动发生的生态系统环境和建立自身领导力这两方面入手来充分释放生态系统内的创新潜力。具体来看，生态主可以通过培育生态内信任、建立知识编码体系和树立生态主权威身份等三个途径来激发整个生态系统的创新活力。

培育生态内信任

　　生态内协作伙伴之间的信任是创新活动培育的土壤。信任缺失对释放生态创新潜力的阻碍主要体现在两点。首先，生态系统内的参与者会担心协作伙伴获取自身知识后构建相似的能力并与其形成竞争，出于对专有知识的保护，参与者倾向于减少价值共创过程中的知识分享。其次，生态系统创新要求拥有不同知识和能力的生态伙伴之间优势互补、紧密协作来完成价值共创，但对潜在伙伴资源和能力的信心不足也可能会打消参与者开展协作创新的热情。

　　为了扫清生态系统创新的阻碍，生态主可以从声誉构建和机会主义行为惩处这两个方面来建立和维持生态系统内的信任。声誉构建要求生态主对系统内参与者的能力与诚信进行跟踪记录并定期在生态系统内进行披露，形成针对参与者群体的声誉体系。这样参与者就能通过这些公共信息来识别值得信任的生态伙伴，进而消除顾虑。完备的信息披露还会对那些有机会主义倾向的参与者造成声誉压力进而促使它们减少在生态系统内的"搭便车"行为，长期来看，整个生态系统内的信任水平都能得到极大提升。此外，对于一些典型或者严重的机会主义行为，生态主应该采取强硬的措施进行公开惩处，以在生态系统内建立起保护参与者专有知识的期望，进而激励它们创新。

阿里巴巴就非常注重培育其云生态系统内的信任。通过设置规则来规范参与者行为，对于参与者直接或者间接仿冒阿里云生态系统内的产品等损害创新的机会主义行为，阿里巴巴会考虑立即终止与该参与者的合作关系，将其剔除出阿里云生态系统。针对其他违反合作伙伴管理规范、给云生态系统内部管理或利益造成严重损害的行为，阿里巴巴也会高度重视，对相应的参与者予以有力惩处。得益于凭借此类手段建立起的内部信任，阿里云这个处于稳定阶段的生态系统在技术以及产品创新方面获得了持续进步。

建立知识编码体系

稳定期的生态系统参与者的多样性可能会大大增加生态系统内知识和能力的异质性，这可能会阻碍合作创新活动的开展。协作创新本质上是一个结合不同参与者的异质性能力进行价值创造的过程，合作双方在知识和能力方面的高度差异会导致沟通、协作难以顺利推进。为了解决这一难题，生态系统内应该建立起统一的知识编码结构，促使不同参与者采用同样的话语体系来描述和记录自己的知识，避免"鸡同鸭讲"的尴尬局面。这要求生态主首先根据生态系统的技术架构设计一套合理的知识编码语言体系，然后将之向生态系统内的参与者全面推广，激励它们采用此方式来编码自己内部的重要知识，从而保证生态内新产生的知识和信息自动转化为易被所有参与者了解的形式，这就为激发生态系统的创新活力铺平了道路。

谷歌的安卓和苹果的 iOS 等成熟的移动应用生态系统在释放生态创新潜力方面获得了令人瞩目的成功。移动应用生态系统内创新的爆发离不开诸如 Kotlin（科特林）等主流编程语言体系的确立。基于这些标准编码语言，开发者之间的沟通与合作变得更加顺畅。这极大地提升了不同开发者基于互补知识与能力来开展联合创新的效率与效果，为生态系统内创新的迅速腾飞注入了持久的动力。

树立生态主权威身份

生态主要想主导生态系统内创新活动的开展，还需要建立对生态系统的有效领导力（我们将在第 11 章的"数字化领导力推动生态论理"部分具体展开）。由于基于传统科层的命令和控制等组织形式的失效，生态主构建领导力很大程度上是要树立起其在生态系统中的权威身份，主要体现为掌握整个生态系统发展所需的底层核心资源与能力，或锁定拥有此类能力的关键参与者。此外，权威身份的维持还要求生态主对外部市场有卓越的洞察力以及对整个生态系统内部的资源与能力分布实现准确把握。事实上，生态主权威身份的树立与生态系统内的协作创新是相互促进的。权威身份一方面赋予了生态主有效主导生态创新的资本，另一方面又通过生态系统内的创新绩效得以进一步巩固与增强，因而能为生态系统的持续创新发展打下基础。

例如，阿里巴巴通过掌握服务器虚拟化、数据存储和弹性计算等多个方面的底层基础技术树立了其在阿里云生态系统的技术权威身份，也因此拥有了对整个生态系统的主导权。凭借其敏锐的市场嗅觉和有效的生态领导力，阿里巴巴携手其云生态系统内的 9000 多个参与者，共同打造了约 500 个联合解决方案，阿里云生态系统的产品创新满足了从政府到金融、从新零售到各行各业的客户需求，成为中国乃至全球云服务市场上的"领头羊"^①。由于在其主导下的生态系统创新成果丰硕、市场份额持续攀升，阿里巴巴在其云生态系统中的领导地位进一步得到巩固，这为阿里云将来持续发挥云生态系统在释放创新潜力方面的优势积累了雄厚资本。

① CNBP商业伙伴. 阿里云打造"最强生态"，"被集成"战略落地开花！[EB/OL].（2020-06-28）[2021-02-08]. https://new.qq.com/rain/a/20200628A0R7N600.

数字战略的实现

第 9 章

数字化研发

　　创新和提高效率是任何产品开发战略的核心，特别是在一个消费者需求快速变化的世界。在这个万物连接、计算能力爆炸式增长的新时代，研发的每个环节都越来越数字化，以提高研发效率和响应速度。然而从制造跑车到工业零件，研发部门对在产品开发中使用数字工具其实并不陌生，数十年前就已经开始使用计算机辅助设计（CAD）和软件开发环境（SDE）了。但是，我们这里要说的数字化研发不仅仅是将一些数字化的工具投入使用的过程，也是研发运营模式重大转变的过程。可以说，数字研发将是大多数制造商未来提升创新能力的基础，在一定程度上改变了企业创新的根本逻辑和创新过程，从而大大提升了企业的创新和研发效率。根据科尔尼咨询公司的统计，采用数字研发的公司，其效率获得了显著的提高，其中在需求和系统设计阶段提高了 15%，在硬件和软件设计阶段提高了 30%，而在测试阶段这个数值达到了 50%[①]。

　　然而在令人欣喜的这串数字背后，数字化研发和传统研发本质上到底有何区别？数字化研发又该如何真正实行？带着这两个问题，本章将关注更加落地的研发职能层战略（见图 9-1）。首先，从数字化研发的本质出发，提出数字化研发区别于传统研发的三个重要特征——研发环节越来越透明、研发边界越来越模糊以及衍生创新不断迸发；其次，在此基础上进一步总结出实现数字化研发所需要依托的研发组织的两大特征——柔性化和网络化；最后，重点阐述企业数字化研发的实现和落地，提出"三大锦囊"助力企业实现数字化研发。本章试图在系统解读数字化研发与传统研发的区别、数字研发组织的特征以及企业数字化研发过程的基础上，为读者更好地理解数字化研发战略提供思路，也为后续探究其他职能层的数字战略奠定基础。

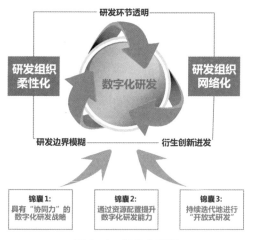

图 9-1　数字化研发

① Kearney. Digital R&D: when the model becomes the product [EB/OL]. (2019-10-04) [2021-05-08]. https://www.kearney.com/communications-media-technology/article/?/a/digital-r-d-when-the-model-becomes-the-product.

从研发到"数字化研发"

研发一直是企业在竞争洪流中赖以生存的根本，我们熟知的各行业巨头都在研发上下了很大的功夫。即使是在新冠肺炎疫情期间，很多企业的研发投入也是不减反增[1]，可见企业深知不断地研发创新是提高企业自主创新能力、组织韧性的关键。随着越来越多的企业在研发创新过程中拥抱数字技术，它们正在通过流程自动化、智慧供应链、智能制造打造线上平台等方式向"数字化研发"迈进。数字技术的特性也改变了传统研发的底层逻辑。

在传统的研发模式中，企业研发往往是封闭的，研发耗时长、投入高、风险大，且新产品很难精准满足用户需求，开发成功率低。因此，涉及固定资产和企业惯例的研发流程一经固定就很难改变，研发的产出不能灵活快速地响应市场，难以满足客户的柔性需求。而在"数字化研发"模式中，数字技术的自生长性增强了技术、资源、流程之间的连接，使得研发环节更加透明，研发过程之间的边界逐渐模糊，诸多衍生创新得以迭代实现。下面，我们将对"数字化研发"的上述三个特点进行逐一说明，并通过企业具体的实践观察识别"数字化研发"的特点是如何改变企业传统的研发过程的。

研发环节透明

研发环节透明指在数字技术支持下，企业研发创新的各个流程变得透明。在研发阶段，数字技术能够极大地降低企业的研发成本、提高研发速

---

[1] 亿欧智库.2019—2020中国制造业转型趋势研究报告[EB/OL].(2020-06-12)[2021-02-08].https://www.sohu.com/a/401387444_115035.

度，数字技术帮助企业克服了"空间的暴政"，即打破了空间的技术限制，扩大了创新参与范围，使得研发环节变得透明化。

为了打破传统研发模式中"难以获得顾客的即时反馈"这一藩篱，一些企业尝试通过构建虚拟客户环境（virtual customer environments，VCEs）[1]，让顾客参与包括产品构思、产品设计和开发、产品测试、产品营销和传播以及产品支持等在内的价值创造活动[2]。例如，奥迪股份公司（Audi AG）用虚拟现实工具（VR holodeck）创造出的虚拟客户环境使得客户能够在汽车研发的过程阶段了解概念车型，工程师可以及时地了解到客户对于概念车型的反馈并进行迭代修改[3]。VR技术使得奥迪公司可以将正在研发制造的汽车在15平方米的房间内按照真实比例展示出来供客户从内到外直观地体验。具体而言，在虚拟客户环境中，每个用户都戴着VR眼镜直接地与概念模型进行交互。每个用户还携带一个背包，里面装有一台功能强大的PC来计算显示的场景。这些移动PC通过Wi-Fi与中央工作站连接，由中央工作站控制数据交换。至此，奥迪集团通过虚拟客户环境使客户能够参与到汽车的研发流程中，打破了传统研发模式的时间和空间界限。

在企业的"数字化研发"实践中，企业除通过构建虚拟客户环境促进客户的参与外，还可以通过数字工具的使用共享数据、透明化研发的各个流程，使得处于不同空间、时间段的员工参与到研发活动中。例如，在AEC

---

[1]　VCEs指企业为客户参与创新并进行价值创造而提供的一些在线论坛或服务设计工具包等服务。

[2]　Nambisan S, Baron R A. Interactions in virtual customer environments: Implications for product support and customer relationship management [J]. Journal of Interactive Marketing, 2007, 21(2): 42-62.

[3]　Sabine Taner, Audi tests "virtual reality holodeck" for faster product development [EB/OL]. (2018-02-18)[2021-02-10]. https://www.audi-mediacenter.com/en/press-releases/audi-tests-virtual-reality-holodeck-for-faster-product-development-9873.

（architecture, engineering & construction，建筑、工程和施工）行业，新的三维数字工具（诸如 3D 打印）使得设计师不仅可以将建筑图纸数字化，还可以将施工管理的其他方面数字化，如现场措施调查数据、制造数据、成本估算、有关风险和时间的数据、重要和独特的施工知识等。处于不同空间和时间段的员工通过连接以前在设计和施工活动网络中没有联系的数据建立新的联系，更好地在新的研发网络中进行设计和创造。

研发边界模糊

研发边界模糊指数字技术的融合性使得企业研发的各个过程界限模糊[1]。具体而言，数字技术的流动性打破了不同创新阶段间的界限，并带来时间范围内更大程度的不可预测性和重叠性。例如，AI、云计算等数字技术能够使产品在研发完成后仍可被修改和迭代。因此，在"数字化研发"的过程中，从创意生成、原型试制到产品生成的各个阶段的开始和结束点变得不那么明确[2]。换句话说，数字技术能够快速改变创新过程，使其在时间和空间上以非线性的方式展开。

在海尔智家的研发实践中，研发边界模糊这一特点得以清晰展现。现阶段，海尔智家平台致力于用物联网技术打造工业物联网平台卡奥斯（COSMOPlat）来提供各个领域的数字解决方案。具有"物物相连、万物互联"性质的物联网是在互联网基础上延伸和扩展的网络，它将用户端延伸和扩展到了任一物品与物品之间，进行信息交换和通信，以实现对物品的智能化识别、定位、跟踪、监控和管理。例如海尔衣联网是海尔打造的衣

---

[1]　刘洋，董久钰，魏江. 数字创新管理：理论框架与未来研究[J]. 管理世界，2020(7):198-217, 219.

[2]　Gregory R W, Henfridsson O, Kaganer E, et al. The role of artificial intelligence and data network effects for creating user value [J]. Academy of Management Review, 2021, 46(3):534-551.

物洗护场景解决方案。衣联网用户可以通过触摸智慧试衣镜简单轻松地完成穿衣搭配，还可以运用手机程序在下班到家前启动洗衣机，洗衣机根据面料的材质自动匹配洗涤程序。在这样一套解决方案中，用户的数据本身就是产品的一个重要组成部分，衣联网通过不断收集用户反馈的数据来更新系统和优化算法，从而为用户提供更好的服务。因此，我们很难说衣联网这样一个解决方案的研发过程在其被研发出来的那一刻就结束了，事实上，一切才刚刚开始。

衍生创新迸发

在《数字创新》一书中，笔者已经讨论了数字技术的本质，使读者了解了数字技术具有松散耦合的分层模块化结构，这种结构使得企业在创新过程中能够产生诸多的衍生创新。衍生创新使得企业的研发模式由传统的有界转为无界。传统的研发模式一般被认为是"限制在一个单一的、一致的影响范围内"。数字技术的嵌入使得企业的创新变为无界，在数字技术与传统组件的相互作用过程中，会产生多种迭代结果[①]。

例如，在工程方面，数字技术允许企业研发过程中快速、异质和扩张性的创新过程。这种过程跨越多个组织职能，这些职能在完全不同的逻辑下运行。具体而言，在设计和建筑项目中采用数字三维技术，可以带给项目诸多衍生创新，"唤醒"创新传播。参与建筑项目网络的公司产生了多种不同的创新，这些创新相互重叠，相互影响，共同形成了一个动荡的、自我传播的创新系统，通过将得到的信息反馈到项目中，来刺

---

① Nambisan S, Lyytinen K, Majchrzak A, et al. Digital innovation management: Reinventing innovation management research in a digital world [J]. Mis Quarterly, 2017, 41(1): 223–238.

激进一步的创新[①]。

除了工程方面，企业也会通过构建新的研发中心进行衍生创新。例如沃尔沃通过成立创新中心使企业内部的不同员工参与进来，在研发过程中产生诸多衍生创新[②]。具体而言，沃尔沃通过创新中心使得负责汽车不同模块的研发中心打破其原来传统的按照应用分工和专业化的做法，而让创意在创新中心产生和被讨论。2010 年底，沃尔沃创新中心的成员来自研发、全球优惠、全球营销、配件、IT、设计、产品战略和客户服务等部门。由于中心内的成员对汽车和数字技术的最新发展趋势十分了解，并且都愿意对企业现存规范和实践进行批判和反思，因此他们在原有研发创新的基础上通过不停碰撞擦出了很多新的火花。

数字化研发组织

数字化研发的实现依托于数字化研发组织。那么基于"数字化研发"的研发透明、研发边界模糊以及衍生创新迸发的特点，数字化研发组织又应该是什么样的呢？为此，我们提出了数字化研发组织所具有的柔性化和网络化两大特征，以及项目式、联合式、"混沌式"三种组织形式。

研发组织柔性化

数字技术改变了研发组织的架构，使其形成更加灵活、柔性、扁平化

① Candi M, Beltagui A. Effective use of 3D printing in the innovation process [J]. Technovation, 2019, 80-81: 63-73.
② Svahn F, Mathiassen L, Lindgren R, et al. Embracing digital innovation in incumbent firms: How Volvo Cars managed competing concerns [J]. MIS Quarterly, 2017, 41(1): 239-253.

的组织架构模式。数字经济时代，大数据技术使得信息可以在组织不同层级之间快速、有效、真实地传递和共享，加强了信息的沟通与反馈，不必像传统金字塔形组织那样自上而下地层层下达或自下而上地逐级汇报，降低了时间与管理成本。管理层利用大数据充分授权，有助于扩大管理幅度、减少管理层次。例如小米公司采取合伙人团队、核心主管、员工三层的组织架构，通过O2O服务以及支付平台等的支持实现组织开放、提升服务能力、增强业务能力、支持组织稳定发展以及赋能产品创新（见图9-2）。这样的组织架构能够使数字信息快速传递，进而解决传统组织运转缓慢、效率低下的问题。再如，阿里巴巴的技术中台和研发中台将使用云或其他基础设施的能力以及应用各种技术中间件的能力进行整合和包装，过滤掉技术细节，提供简单一致、易于使用的应用技术基础设施的能力接口，助力前台和业务中台、数据中台的快速建设，最终推动创新性应用的快速开发和迭代①。

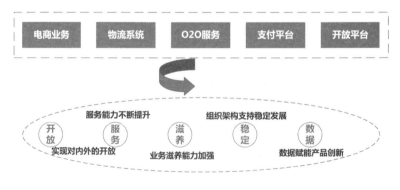

图9-2　小米公司的研发组织架构

① 管理驿站.阿里巴巴的"中台"长啥样？[EB/OL].(2019-01-03)[2021-02-08].https://m.jiemian.com/article/2759637.html.

研发组织网络化

在数字化研发战略下，企业的研发过程很少能够由单一企业实现，企业需要通过不断整合内外部资源实现经营目标，实现研发组织网络化。通过连接多个主体共同参与研发活动，利用技术远程监控、预警，设计出满足用户个性化需求的产品与服务，整合优势资源，完善业务配置，优化管理模式，增强企业的竞争优势。在本章，我们介绍三种网络化的研发组织模式供企业实践参考。

● 项目式网络研发组织

项目式网络研发组织指研发组织网络多由具有相同或相似背景的人组成，这些参与者多具有相似的知识背景[①]。项目式网络通常由具有相似研发资源背景的研发人员组成，这种组织通常运用标准化的数字技术工具，例如 CASE 工具或物联网技术等。项目式研发网络中的参与者都有着相似的特点，他们用相似的工具和"语言"进行交流。项目式研发网络中的参与者能够很好地协作并且克服空间和时间的限制进行创新的价值创造活动。

例如，英特尔在 AI 框架的支持上也与谷歌和全球的软件开发伙伴共同进行软件开发。英特尔基于 TensorFlow、Caffe、theano、Troch 等框架，直接与 Mxnet、谷歌开发团队合作。此外，英特尔通过深度学习计算库这个开源项目为客户提供标准算法，使得越来越多的客户能够在标准算法上通过软硬件结合的优化与英特尔共同开发。

---

① Lyytinen K, Yoo Y, Boland Jr R J. Digital product innovation within four classes of innovation networks [J]. Information Systems Journal, 2016, 26(1): 47-75.

● **联合式网络研发组织**

联合式网络研发组织由异质的参与者和行动者构成，参与者一般都来自企业内部。联合式研发网络的组织成员通常具有多学科的背景，但是接受同样的治理结构。在联合式网络研发组织中，创新的价值创造来自多个学科的不同知识。例如，在大规模制造业中，企业需要动员和整合不同的知识社区来进行创新，包括交通工程、机械工程、材料工程、电气和电子工程、物流和配送、工业设计等。然而这些社区无论是作为汽车制造商的一部分，还是作为供应商，都受到焦点企业（汽车公司）的严格控制，汽车公司往往决定了产品平台、制造架构和品牌。通过模块化的过程，产品在各个方面都被公司严格定义和控制。在这种模块化结构中，每个社区都会参与开发规格齐全的零部件和接口，由制造商作为集成商进行组装。

此外，一些平台企业也可以通过联合式创新网络进行创新，例如谷歌通过构建数字平台，开放标准和访问原则，允许用户以任何形式搜索数字内容的服务，让大量的用户社区不断创新，并将知识社区纳入创新生态。为此，它们谨慎地决定在哪些领域保留架构控制权，以及在哪些领域允许开放，以整合开发谷歌地球、谷歌地图、优兔或安卓等服务的独立知识社区的创新。

● **"混沌式"网络研发组织**

"混沌式"网络研发组织由一群异质的、动态的行动者组成，这些行动者可以来自企业的内部，也可以来自企业的外部。在这样的研发组织下，企业需要动态地识别和调动这些行动者以进行有效的创新①。

随着数字技术的嵌入，部分企业可以通过分布式问题解决、自选择参与、自组织协调和合作、免费知识披露以及混合组织模式来实现社区的商业成功和创新。因而企业创新的焦点不仅仅局限于企业内部，研发组织的组织成员也未能预先设定。在这样的组织中可以涌现出更多的创新机会。在"混沌式"网络研发组织中，组织成员和知识是高度异质性的，这为数字化研发提供了新的创意来源。例如，常见的一些用户生成内容平台（如哔哩哔哩、小红书等）就是典型的激励用户提供异质性知识的组织。

海尔的研发组织也是"混沌式"网络研发组织的一个好的体现。海尔通过物联网技术在海尔云平台上直接获取用户碎片化需求，链接全球创客互动设计，形成社群交互效应，开发出千人千面的个性产品。物联网等数字技术作为助推器，将海尔的平台型结构改造为共创共赢生态圈。因而，海尔的研发网络组织如丰富的雨林生态并无固定的架构，呈"混沌"状态（见图 9-3）。

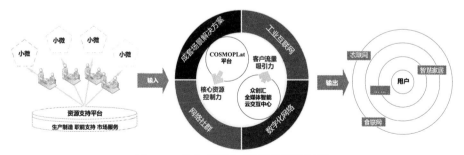

图 9-3　海尔"混沌式"网络研发组织

① Lyytinen K, Yoo Y, Boland Jr R J. Digital product innovation within four classes of innovation networks [J]. Information Systems Journal, 2016, 26(1): 47-75.

"三大锦囊"助力数字化研发

在数字化研发组织的支持下，接下来就是直接进行数字化研发的过程[①]。这一过程非常复杂，往往涉及更深层次的组织变革，我们为此提供了三大锦囊来助力企业在研发过程中更好地拥抱数字化。

● 锦囊 1：制定具有"协同力"的数字化研发战略

数字化研发战略指利用数字技术进行差异化价值创造的研发战略。组织需要根据外部数字化发展趋势和自身的资源优势来决定研发范围，如改进哪些研发流程、如何改进研发流程、是否进行研发组织变革等。在数字化研发的初始阶段，制定具有"协同力"的研发战略非常重要，这是因为数字化研发组织具有网络化和动态化的特点，如何协同网络组织中不同参与者使其共同研发创新是企业需要思考的重要问题。

在制定数字化研发战略的过程中，企业需要明确的一个词是"协同力"。企业需要关注研发开发过程中"问题提出—解决方案"的动态设计过程。例如，吉利在平台化战略的导向下通过与沃尔沃建立吉利中欧汽车技术研发中心（CEVT），构建基础架构模块，打破重重障碍协同各方，激发协同效应，使其领跑智能时代（详见案例聚焦 9-1）。

---

① Chanias S, Myers M D, Hess T. Digital transformation strategy making in pre-digital organizations: The case of a financial services provider [J]. The Journal of Strategic Information Systems, 2019, 28(1): 17-33.

案例聚焦 9-1

吉利的平台导向型数字化研发战略

在享受过 2003 年企业资源计划（ERP）系统的红利后，吉利在 2007 年提出了平台化战略来推进数字化研发。平台化战略要求吉利在技术研发时采用平台技术研发汽车产品。至 2010 年，吉利已经在平台化战略的领导下搭建了 5 个技术平台、15 个产品平台，生产 42 个品种的产品，用低投入、低成本在汽车种类和规模上实现了高质量快速扩张。在平台化战略的指引下，吉利在并购沃尔沃后决定与沃尔沃共建研发平台。2013 年 2 月，CEVT 在瑞典哥德堡正式成立。CEVT 是吉利与沃尔沃实现资源最大程度优化配置的技术融合研发共享平台。具体而言，CEVT 的职能涉及吉利未来战略布局以及研发平台构建的方方面面，包括汽车相关专项基础理论研究、共用模块化基础架构及核心零部件开发、车辆验证与测试、车体及车型外观设计、整车采购等一套完整的体系。在组织架构上，CEVT 与沃尔沃汽车、吉利汽车并列，同属母公司吉利控股。从最初的几人到现在的 2000 多人，CEVT 园区内汇聚了来自全球 20 多个国家和地区的 2000 多名顶尖汽车工程师。CEVT 的成立使得吉利能够通过协同创新在数字化研发战略的指引下拥抱数智时代。

资料来源：魏江，刘洋．李书福守正出奇 [M]．北京：机械工业出版社，2020．

● **锦囊 2：通过资源配置提升数字化研发能力**

有了数字化战略的保障后，企业需要通过资源配置提升数字化研发能力（详见案例聚焦 9-2）。组织在进行数字创新之前首先要确定组织层面的数字基础设施是自建还是依托于组织外部的设施。而后，组织需要对组织内外潜在的可以数字化的信息有一个全面的理解。更为重要的是配备灵活的人力资本，因为数字创新一方面需要懂数字技术的人才，另一方面需要建立动态的创新团队以整合具有不同技能的员工并持续学习以更新团队的数字创新技能。

案例聚焦 9-2

正泰的数字化研发战略

正泰在数字化研发过程中通过较好的资源配置提升了其数字研发能力。在整个数字化研发的过程中，正泰最主要的资源就是数据。对正泰而言，数据主要包括企业的管理型数据，例如人力、物流、供销、财务等数据。自开展信息化建设以来至 2014 年，正泰已经有 SAP、CRM、OA、ORACLE、用友等 65 套互不相通的信息系统。这各不相同、各不相通的信息化系统，就像一座座信息孤岛散列在集团内部，成为数字化研发的阻力。对此，正泰通过"轻产转型"的思路，让原有系统在企业中维持原有的运行状态，将数据从全球各公司的 65 套信息化系统中剥离出来，进行采集和分析，在数据层面做整合。进行数字化整合以后，企业通过智能制造、数据物联，挖掘生产型数据的价值，进而形成数字化研发能力。

合理配置资源后，正泰通过对管理型数据和生产型数据的集成，培养出了独特的数字化研发能力。随着生产智能化的逐步推进，正泰的大数据平台实现了对管理型数据与生产型数据的集成。管理型数据从原先独立的 65 套信息系统中剥离汇集，生产型数据经过采集器的采取、清洗过滤汇总到大数据平台。研发团队利用机器学习进行了大量建模，具体包括生产分析模型、供应商分析模型、销售分析模型、人事分析模式、财务分析模型和物流分析模型等。经过机器模型计算的结果最终体现在应用上，主要包括结果推荐、可视化监控、舆情提示三个方面，能够在大屏幕、手机移动端、电脑端提醒管理者发生了什么事情，以及有什么事情需要去关注，初步达到"婴儿级"AI 的阶段。在这套系统的运行下，企业的生产运营成本降低 43%，生产效率提高 335%，产品研制周期缩短 22%，能源利用率提高 8%，产品设计数字化率达 100%，关键加工工序数控化率达 100%，良好地支持了正泰的"一云两网"战略。

资料来源：应瑛，邬爱其，刘洋．正泰集团：传统制造企业的数字化转型之旅 [C].第十二届"全国百篇优秀案例"，2021.

● 锦囊 3：持续迭代地进行"开放式研发"

　　由于数字化研发组织日益网络化，研发过程中创新主体（谁参与创新）、创新投入（参与者可以贡献什么）、参与过程（如何参与）以及参与结果(有何产出）等都不能被清晰定义 [1]。所以，企业在实施"数字化研发"的过程中需要开放性思维，分享信息，加快采用新方法和数字技术，积极推动跨越传统边界的合作和开放的创新。许多传统企业已经开始用开放性思维进行数字化研发。例如耐克在开发出一款绿色橡胶材料后将技术分享给一家加拿大公司，并授权此项技术可以应用到其产品中进行进一步创新。

　　此外，在开放的过程中，数字化研发必须持续迭代进行。数字技术的流动性要求数字创新的开发过程是一个动态、可自我参照、可延

---

① 刘洋，董久钰，魏江．数字创新管理：理论框架与未来研究[J].管理世界，2020(7):198-217, 219.

展、可持续改进的过程。例如，小米在数字化研发的过程中就采用了迭代方式开发软件与硬件。具体来看，小米的研发模式遵循"单点突破—试错—用户反馈—迭代"循环的开发模式（见图9-4）。在这个模式中，小米会先结合自己的产品经验和市场数据做出一个初始版软件发放给客户做测试，如果客户使用的结果符合预期，就根据客户的反馈迅速优化和改进，推出更完善的迭代版本，否则就改变方向甚至放弃这个功能①。正是这种高效快速的迭代机制使得小米的"发烧友"队伍不断壮大。小米硬件的开发过程也是类似的。在硬件迭代过程中，小米用来邀请用户参与测试的一个关键工具是"工程机"，小米论坛也专门开辟出一个板块收集"米粉"对测试机提出的建议，研发工程师将所有问题汇总后，工程师会在下一批量产前实现改进。因此，小米在开放的思维下进行快速迭代创新，缩短了创新传播过程，提高了创新绩效。

图9-4 小米的开发模式

---

① 董洁林.迭代创新：小米能走多远？[J].清华管理评论，2014(6):48-53.

第 10 章

数字化架构

2019 年可以被称为"数据中台元年"。百度搜索的大数据显示，从 2018 年 7 月到 2019 年 9 月，短短一年多的时间，"数据中台"一词在百度搜索的搜索量快速攀升，并超过"数据仓库"的热度，完成了从概念提出到普及的全过程[①]。自阿里巴巴宣布全面升级组织架构、建设整合其产品技术和数据能力的强大中台后，这一概念越来越火，各大互联网公司也都开始结合自身优势探索数据中台。那么，数据中台到底是什么？是什么原因让这些企业如此积极地调整组织架构？除了数字中台外，还有什么别的选择？

强大的 IT 系统和更加智能的软件、机器人技术和大数据正在彻底改变

[①] 元年C1.走过元年的数据中台有哪些新趋势？[EB/OL]. (2020−08−19)[2021−02−09]. https://www.
sohu.com/a/413825252_100292551.

传统商业模式，并改变整个行业[①]。传统企业面对数字化冲击时，需要对环境变化做出快速反应并相应地改变其业务战略，既要利用数字化带来的机遇，又要保证其生存。快速迭代的外部商业环境和用户需求迫使组织调整内部架构，以更好地支持新的数字产品、服务、流程和业务管理。那么在数字化浪潮下，组织架构发生了怎样的变化？有哪些数字化架构可以被组织学习参考？我们又该如何布局组织架构的数字化转型？

为此，本章首先总结对比了传统组织架构与数字化架构的差异，明确数字化变革为组织架构带来的颠覆性改变所在，总结出组织架构扁平化、内部决策权分散化和网络生态化三大数字化架构的特点；其次举例介绍了四种常见的数字化组织架构模式；最后从数字孪生的角度为那些期望构建数字化组织的企业提供一些转型发展思路，以期使其在实践运用中有所指引和启发（见图 10-1）。接下来，让我们一起揭开数字化架构的神秘面纱吧！

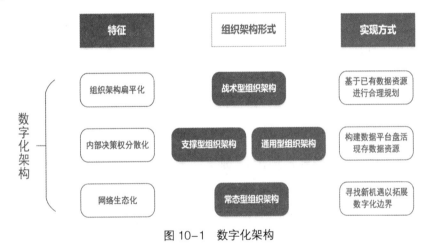

图 10-1   数字化架构

① Vey K, Fandel-Meyer T, Zipp J S, et al. Learning & development in times of digital transformation: Facilitating a culture of change and innovation [J]. International Journal of Advanced Corporate Learning, 2017, 10(1): 22-32.

从传统组织架构到"数字化架构"

纵观目前活跃的互联网企业，不论是利用社会闲置车辆资源发展网约车业务的优步和滴滴，还是在 2020 年新冠肺炎疫情下逆风而上的办公软件平台钉钉和 Zoom，都能够在短时间内快速积攒大量用户，以特色服务构建起独特的竞争优势，并将笼络的流量快速变现。放在传统组织情境下，快速响应用户需求几乎是难以想象的事情，但在众多平台化的互联网企业中却似乎"轻而易举"。究其根源，我们不难发现，这些企业有一个共同点——它们拥有一个围绕产品或以服务为中心的灵活的组织架构，能够让企业以最低成本最快速地接触到用户痛点并开始业务布局。在第 3 章中，我们曾经对数字化组织的特征做过简单介绍，在本章中，我们将更为细致和深入地从整个企业组织架构的角度来讨论数字化情境下组织架构的变化特征，为大家呈现数字化架构的独特之处。

组织架构扁平化

常见的数字化组织架构是以产品或服务为中心的平台化组织，通过建立起"三台组织"——围绕产品需求搭建的敏捷前台、服务于产品的数据 / 业务中台、拥有强大服务能力的后台（见图 10-2），来满足不断变化的客户需求。我们不禁发问，这种"前＋中＋后"的重叠组织与传统科层制有何区别？企业为什么要大动干戈颠覆原本的科层制组织架构？

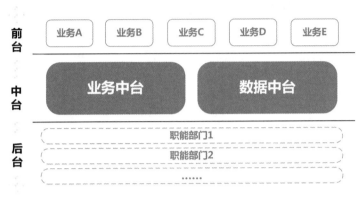

图 10-2　平台化组织架构

● 传统的组织架构

在讨论数字化组织架构之前，我们先来回顾一下传统的组织架构。直到 20 世纪 80 年代，金字塔形组织架构都是大部分企业管理者的首选（见图 10-3）。采用这种组织架构的企业独立地构建自身技能和能力，与外界的供应商、客户和竞争对手之间保持明确的界限。组织内的雇员按职能或部门进行分工，专门从事某项工作，管理者通过垂直的等级制度和指挥系统来实施运作。

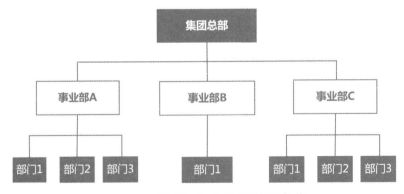

图 10-3　金字塔形组织架构

此外，直线制垂直管理的组织架构中应用较多的矩阵式组织（见图 10-4）是一种功能与产品或地理子单元重叠的组织架构。矩阵式组织单元包含职能部门，如财务部和市场营销部，产品团队成员必须同时通知产品经理和职能主管。与纯功能型组织相比，它的优势在于员工会更关注整个业务流程，而不仅仅是他所在的产品部门。而与纯产品型组织相比，其优势在于职能部门的参与有助于提高业务成功率。

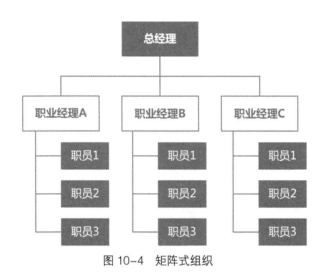

图 10-4　矩阵式组织

● **数字化情境催生组织架构扁平化**

上述集专业化、标准化、形式化和集中化于一体的组织架构设计能够使企业在大规模生产、大规模市场和同质环境的条件下高效运转。但是，在如今数字化的冲击下，曾经的管理法宝科层制似乎不再是企业管理者的"香饽饽"。

快速发展的技术和市场给管理层带来了史无前例的信息处理压力。传统组织架构下不同组织层次间的垂直障碍和职能部门之间产生的孤岛效应导致人员和业务流程广泛分离，管理成本增加，业务流程进展减缓，创新减少①。在数字经济时代，为了使组织边界更具渗透性，提高企业感知商业环境和快速抓住商机的能力，管理者意识到必须调整或改变以前的竞争战略和组织形式，突破僵化的科层制组织架构束缚，在瞬息万变的商业环境中抓住机遇，快速响应客户需求。信用卡品牌 Visa（维萨）的做法就很好地体现了这一改变（详见案例聚焦 10-1）。

案例聚焦 10-1

敏捷反应的 Visa

现实中，一些组织正在转向跨职能团队以变得更加敏捷。Visa 就是一个典型案例。随着全球支付行业的发展，苹果公司和谷歌等老牌科技公司以及包括比特币（Bitcoin）在内的新实体纷纷进入，Visa 需要跟上这一行业的发展速度。这是一种从横向到纵向的部门架构转变。Visa 高级副总裁兼北美市场部主管巴拉兹在 2015 年《哈佛商业评论》的一份报告中表示："我们必须让组织更扁平、更具流动性。""为了做到这一点，我们采取了一种模式，让不同背景的人以非常灵活的方式从一个项目转到另一个项目。"例如，营销团队包括营销运营、数字内容、分析、传统媒体和在线社区方面的专业人员。营销团队与产品开发和运营团队一起密切合作，来确保计划的无缝执行。正如巴拉兹所说："水平连接的团队加强了快速反应、敏捷性和灵活性。"

资料来源：Kiron D, Kane G C, Palmer D, et al. Aligning the organization for its digital future[J]. MIT Sloan Management Review, 2016, 58(1):15-16；Dholakia S. Designing a marketing organization for the digital age[J]. Harvard Business Review, 2015(10):4.

---

① Ashkenas R. The Boundaryless Organization: Breaking the Chains of Organizational Structure[M]. San Francisco, CA: Jossey-Bass, 1995.

内部决策权分散化

在数字化转型过程中，扁平化的组织架构能更好地促进权力下放，进一步赋能员工，也会让原有管理者的功能被点对点平台所取代[①]。例如，海尔在进入网络化战略阶段后开始实行小微化组织变革，将整个企业打散，变成以创业小微为基本单元的网状节点组织。海尔平台上已没有科层，只有三类人，即平台主、小微主和创客。三类人没有职位高低之分，差别只是掌握和创造的用户资源不同。海尔与小微主之间是股东关系而非上下级管理关系，海尔平台为小微主提供生态圈里的创业资源。小微主作为企业基本单元，是独立运营主体，享有决策权、用人权和分配权，能够"自创业、自组织、自驱动"。

- 传统的组织决策制定

　　在过去直线制管控的科层制组织架构中，管理层负责其管辖范围内所有员工的行动，任务工作按照职级层层往下派发。员工只需要严格遵守分工要求、精准完成规定的指令即可，并不需要考虑"是否该做"或是"需要做什么"等问题。这种通过组织劳动分工、制度管理决策以及制定程序规则运行的组织管理方式能够在稳定的环境下极大地释放组织效率。

---

① Nell P C, Foss N J, Klein P G, et al. Avoiding digitalization traps: Tools for top managers [J]. Business Horizons, 2021, 64(2):163−169.

● 数字化带来的决策权变动

　　数字化变革打破了组织边界，曾经可控的决策流程开始跟不上组织快速迭代发展的需求。因为科层制的领导决策基本都带有集权主义倾向，员工在组织中享有的分权程度非常低。因此，最前线的"士兵"虽然掌握最多数据，却没有决策权，无法灵活、机动地响应客户诉求。底层的管理决策和方案需要经历层层汇报和审批，这些过程可能带来信息衰减和数据丢失。科层制组织下，上层掌握最少的数据却做最重要的决策，因此企业的决策风险会非常高。此外，这样的架构也会导致员工缺乏责任感和自律意识，更无法激发员工的学习积极性和创新精神与动力。因此，组织需要改变数据的传输和分享机制或者改善组织架构，减少底层管理者报喜不报忧导致的信息失真、数据丢失和无法随时获得信息等弊端，通过简化决策流程和权力下放来激发决策结构性加速力[1]、高层决策者感知力和一线员工创造力（见表 10-1）。

　　当然，正如一枚硬币的两面，组织架构扁平化也会带来一定弊端。我们需要正视组织架构的扁平化和层级压缩带来的决策"集权化"加剧、过分依赖定量数据而忽视整体判断和直觉、一线员工的创业创新积极性被削弱等情况。组织在进行数字化转型并享受分权带来的高效运营利好的同时，也需要采取正确的方式积极应对海量数据带来的负面影响。

---

[1] Summa L. Digitale Führungsintelligenz: "Adapt to win" [M]. Wiesbaden: Springer Fachmedien Wiesbaden, 2016.

表 10-1　数字化转型带来的决策优势及潜在风险

优势及潜在风险		具体表现
优势	激发决策结构性加速力	当组织架构扁平化后，如果组织整体规模不变，那么管理层平均控制范围会扩大。这一变化会导致数字化转型后的组织加快决策进程。同时，个体会因为更强的自我责任感而更有工作动力
	激发高层决策者感知力	扁平化的组织架构意味着管理层更容易接触到跨领域、跨职能部门、跨学科的员工和知识。组织高层管理会议中跨学科的互动、交流和知识共享变多，顶层设计更容易推动具有深远影响的组织变革
	激发一线员工创造力	平台化转型中的组织赋予员工更大的自主权，数字化转型将为他们提供更优质的信息和更多的数据用于决策。例如，通过更复杂的数据挖掘工具，帮助他们做出更及时的决策和更好的预测
潜在风险	加剧决策"集权化"	当组织架构逐渐扁平化时，中间管控层级减少会导致高层管理者拥有更多管控权力，甚至会干预子单位的日常运营。最新的一项研究指出，有近七成的高管认为数字化中心会"接管更多活动"，也就是说公司将采用更加集权的运作方法
	过分依赖定量数据而忽视整体判断和直觉	看似扎实的、有理有据的数据可能会诱使管理者将复杂问题过于简单化。当管理者跨领域做决策判断时，很容易只看量化数据而忽视经验和其他知识来源。例如，互联网巨头亚马逊就已经放弃了招聘算法，因为它偏爱那些使用特殊字符描述的求职者，导致最终决策分析的误差与偏好
	削弱一线员工的创业创新积极性	当通过量化指标来衡量员工创造力时，组织就会更关注那些成果容易量化的活动，减少那些虽然重要但无法反映在数据中的活动。相应地，也可能产生底层一线员工和逐渐壮大的高层管理团队之间的内部潜在冲突 [1]

网络生态化

● 传统组织的边界

　　交易成本理论中，经济学家罗纳德·科斯（Ronald Coase）把企业看作是一种可以与市场相互替代的治理结构 [2]，组织边界在这两种治理结构

① Canhoto A I, Clear F. Artificial intelligence and machine learning as business tools: A framework for diagnosing value destruction potential[J]. Business Horizons, 2020, 63(2): 183–193.

② Coase R H. The nature of the firm [J]. Economica, 1937, 4(16): 386–405.

之间的选择取决于各自的交易成本，企业的边界就在两者边际交易成本相等的位置。新制度经济学家奥利弗·威廉姆森（Oliver Williamson）则特别重视企业效率问题，认为企业应该根据交易成本来选择自己的组织架构，并确定自身的组织边界①。现实中，有关企业边界的决策主要表现为根据交易成本最小化的原则在自制和外购之间做出选择。

● **数字化情境打破组织边界**

在数字经济时代，管理者们意识到组织边界需要具备渗透性，而无边界组织的特征是速度、灵活性、集成和创新②。打开组织边界能更好地感知市场变化，增强组织的适应柔性和能力。

生态系统是边界被打开的新组织形式，围绕一个中心企业或平台构建的生态系统不再把组织边界局限在"市场—科层"的二分治理体系中。围绕特定价值主张积聚的系统参与者能够自由流动和进出，为系统带来不同背景领域的知识、信息和经验，丰富知识基和专利库，为产品更迭输送最新的用户反馈信息。这种系统逐渐冲垮原本坚固的组织边界。例如，小米拥有200多家生态链企业，打造的产品范围涵盖手机电脑、数码周边、美妆个护等。但是，这些生态链企业并不属于小米的部门，更不是小米的子公司，而是跨越了传统组织的边界，因为认可小米生态的价值主张而聚在一起并形成了庞大的生态系统。

● **组织网络生态化的优势**

组织网络生态化主要具有积聚外部各类资源、降低内部生产成本、

---

① Williamson O E. Markets and hierarchies: Some elementary considerations [J]. The American Economic Review, 1973, 63(2): 316-325.

② Ashkenas R. The Boundaryless Organization: Breaking the Chains of Organizational Structure. The Jossey-Bass Management Series[M]. San Francisco, CA: Jossey-Bass, 1995.

引入生态多元合作、自由连接模块组合四大优势（见图 10–5）。

1. 积聚外部各类资源

无边界组织主要打破了传统组织的外部边界（企业与供应商、监管机构等利益相关者）、地理边界（对国家、市场和文化进行区分）和心理边界（内部组织成员和外部利益相关者对企业价值观、文化、使命等的认知和评价），允许异质性参与者带来不同的信息、资源、资金和人力等。企业由此可以获取、整合远超本身体量的更多资源，实现信息与物质能量的高效流通和优化配置。

2. 降低内部生产成本

对组织内部来说，数字技术的运用可以高效协调生产部门间的沟通和信息处理，降低搜寻和收集外部信息的成本。信息平台或社群的建立使更多人直接接触到市场信息，减少信息不对称和与之相关的机会主义行为，从而降低交易成本。

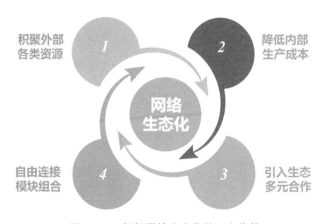

图 10–5　组织网络生态化的四大优势

3. 引入生态多元合作

以生态系统为代表的新兴组织形态在拓宽核心企业传统边界的同时，与系统内供应商、互补者、客户之间的交流合作日益密切，跨界融合已经发展成为一种新常态[1]，因为企业已经意识到仅靠单个组织单打独斗已经无法抓住转瞬即逝的市场机遇，日益复杂和快速更迭的用户需求需要多方合作来多维度满足。在生态系统中，企业还可以选择与同行业的竞争者进行战略合作[2]，共同应对外界的挑战。

4. 自由连接模块组合

目前很多平台企业在创新过程中都用上了"模块化组织"思路，通过标准化的界面和接口的提供，实现不同模块间的自由联合和组合。韩都衣舍就是一个典型例子。它借鉴了日本阿米巴模式发展本土化的"小组制"模式，将原先臃肿的研发、销售和采购等独立部门拆解成1∶1∶1的动态小组。模块化小组间可以根据项目的发展和资源支持进行自由连接组合。同样地，通过"人单合一"的机制，海尔生态内的创新小微和转型小微作为一个模块，也可以在平台上依照市场机制和市场需求进行相互协调和连接，充分发挥各个模块的资源和能力优势，相互成就。

---

[1] 赵振. "互联网＋"跨界经营:创造性破坏视角 [J]. 中国工业经济，2015(10):146-160.

[2] Hannah D P, Eisenhardt K M. How firms navigate cooperation and competition in nascent ecosystems [J]. Strategic Management Journal, 2018, 39(12): 3163–3192.

数字化组织架构

除了那些"天生数字化"的平台型企业，我们看到现实中有更多传统企业正在从科层式架构逐渐向数字化架构转型。从信息通信技术工具的广泛使用，再到彻底地进行企业数字化战略改革，信息部门和组织架构的变化可能是多样的。根据对现实业界的观察和归纳总结，数字化的组织架构可能有以下四种常见类型[①]。

战术型组织架构

战术型组织架构是指企业仅在部分组织单元有针对性地使用数字技术，以高效的工作方式来实现目标（见图 10-6）。在这种模式下，数字化仍然处于业务边缘，因为只有少数业务单元的员工会接触到数字化工具。当然，这种模式缺点也十分明显，组织并不是在企业层面推行连贯的数字化战略转型计划，对数字化工具的投入和使用都是割裂的，只有使用了数字化工具的部门运行效率才有所提升，容易造成部分业务单元的孤岛效应。

这种模式是布局数字化应用战略的第一阶段，在刚进军数字化市场的组织中极为常见。例如快消类企业对数字营销等技术的采纳与运用、银行业推出在线自助服务等流程的更新，都可以在不改变企业原先运作流程方式的情况下提高效率来创造价值，而无须设计新的业务运作方式。

---

① 改编自Deloitte. Building your digital DNA[R]. Lessons from Digital Leaders, 2015:16−20.

图 10-6   战术型组织架构

注：图中小圆柱体的出现代表组织单元对数字化技术的采用，图 10-6、图 10-7、图 10-8 同理。

支撑型组织架构

支撑型组织架构是指企业设立专门的数字化部门或平台来支撑发展其他业务单元（见图 10-7）。与前文战术型组织对应的是，支撑型组织会成立一个专门的部门来整合数字化战略和相应技能，而不仅限在个别单元零星地使用数字化工具。公司将数字化战略视为优先事项，并在内部各个业务部门间进行相互协作。通常，这种架构能使组织更有效地感知市场、寻找数字化机会，也能够支持业务部门之间的数字化交流。在支撑型模式下，数字团队部门会授权管理层来使用数字技术、改造组织架构，从而打破单个业务单元的孤岛效应。

该类数字化架构很适合需要快速推出并迭代创新技术、产品和工作方式的组织。因为专门的数字化中心可以灵敏地感知到市场需求，从而判断是否推进或者叫停新的产品或技术项目，进而影响各部门间的组织协作。

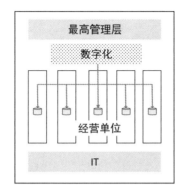

图 10-7　支撑型组织架构

通用型组织架构

在通用型组织架构中，数字技术主要被用于所有部门间的信息沟通共享和知识分享（见图 10-8）。在这种架构中，数据科学、创新和快速原型设计等共享能力可以使组织在数字技术和工作方式上自给自足，不必总是依赖一个中心团队。管理层鼓励员工对成果的所有权下放，并允许大家不断学习和适应职业环境的变化。

基于这种模式运作的组织在数字化转型战略已到位的企业中比较常见，领导层和员工都已深刻理解数字化对组织的意义所在，因此会在创新、数据分析和变革等能力上进行着重培养。为试图消除不同部门之间的僵化分歧，使多个部门紧密合作，组织会创建一个包括技术、营销和财务部门负责人的"跨职能团队"，定期就某一特定主题召开专题会议，例如物联网，每个部门的负责人都会在深入讨论中进行介绍，在会议召开后将讨论内容渗透到其他组织层面。

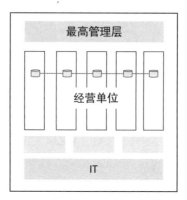

图 10-8   通用型组织架构

常态型组织架构

在常态型组织架构中，数字技术深度嵌入在每一业务单元和日常业务活动中（见图 10-9），此时，距离建立一个真正灵活的、对各个层面变化做出快速反应的企业已是临门一脚。数字技术成为日常工作生活的一部分，因此不再需要一个类似"支撑型"的数据信息中心集中化团队，整个组织运行的血液中都已经流淌着"数字化基因"，可以根据业务需求动态地组建和解散团队。

常态型架构是在通用型基础上更进一步数字化后的形态，该模式一般在"天生数字化"的企业中较为常见。数字化技术不仅实现了部门间的信息沟通共享和知识分享，而且所有业务部门和职能部门的数字化联通能最大限度地减少数据在传递过程中的遗失，提高功能间耦合运转效率。较为常见的是平台组织中各类数字中台，在沉淀了重用功能模块后提高了前台快速反应客户需求的能力，后端持续供给后台职能服务（详见案例聚焦 10-2）。

图 10-9　常态型组织架构

案例聚焦 10-2

阿里巴巴的"中台之路"将何去何从

阿里巴巴的平台窘境

阿里巴巴（以下简称阿里）作为平台互联网企业的代表，已经成功构建起"前台＋后台"的平台化组织架构，其中：敏捷的前台系统是阿里与所有终端用户的业务交点——应用程序之集；后台则是提供职能服务的部门汇总，包括财务系统、仓库物流系统、产品系统、客户管理系统等。前台的设立是为了快速响应用户需求，讲求创新迭代；而后台则大多是在后端支持资源的电子化，电子信息系统上线的主要目的是提高管理效率。但随着阿里业务的不断发展，"前台＋后台"的组织架构耦合逐渐错位，受限于行业法律和财务审计法规的后台更新已无法满足高速运转的前台需求，前台系统中不断膨胀的业务逻辑逐渐丧失"用户响应力"。此时，一个能够衔接前台和后台的中间组织正是阿里人迫切需要的解决利器。

中台战略应声而来

2015 年，马云在参观著名游戏公司 Supercell（超级细胞）的组织架构后深受启发。一个仅有 300 多名员工的公司能够接连推出《部落冲突》《皇室战争》等一系列爆款游戏，其奥秘在于 Supercell 有一个能够分享其他业务团队通用素材、数据和算法的强大中台，其能够支撑前端具体的游戏业务团队并为之赋能。为了统一技术架构、建立产品支撑和数据共享的新平台，同年，阿里推出"大中台、小前台"战略，开始对整个组织进行中台化改革，新建的共享业务事业部（也称中台）用于沟通前端多样的业务部门和后端云平台，通过提供稳定通用的模块化业务能力，更快捷地将后端服务输送给前端业务部门使用。中台砍去前台臃肿的重复通用业务累赘，实现了组织瘦身。至此，共享业务事业部作为前后台中间的变速齿轮，极大地缓解了此前"前台＋后台"难以协调的困难局面，并且促进了阿里部门间的数据、产品和标准共享。

中台逻辑在阿里的广泛运用

阿里的中台战略在组织中主要体现在由"业务中台＋数据中台"共同支撑前台业务的双中台结构（见图 10–10）。业务中台主要负责将后台支撑资源进行抽象打包整合，向前台提供可直接使用的重用服务，例如会员中心、支付中心等。数据中台则负责将后台以及业务中台输入的数据进行储存、大数据计算和产品化包装等，为前台基于用户数据进行的产品设计提供持续性数据跟踪反馈。除此之外，类似的组织内部中台还包括移动及算法中台（提供更加个性化的产品推送服务）、技术中台（提供自建系统部分的技术支撑，帮助解决基础设施、分布式数据库等底层技术问题）、研发中台（提供自建系统部分的管理和技术实践支撑能力）等。

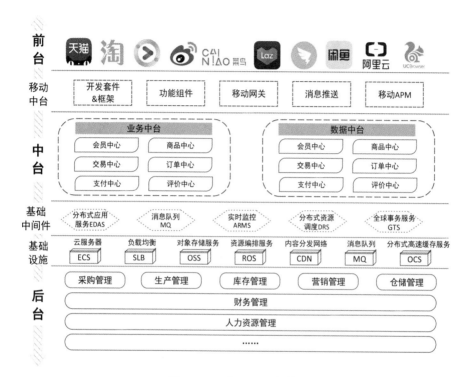

图 10-10　阿里巴巴架构

是时候拆掉中台了吗？

当阿里中台在半年内孵化出如"盒马鲜生"这一现象级线上线下新零售系统时，大众无一不感叹中台组织在如今数字经济时代的企业创新力量。然而，另一种声音也在提醒我们："中台战略是否能真正促进企业创新？"发出这一疑问的考量点在于，如阿里中台一般的巨型"造梦机"其实并没有从根本上进行创新，盒马鲜生的诞生是将中台里已有的商品、库存、用户、支付、AI 和安全等多个服务模块进行复用重组上线。因为标准化的模块可以快速耦合、即插即用，而在此过程中并没有产生任何颠覆式创新的产品或技术。如果一味沉迷于数字化产品的快速推陈出新，则很容易陷入"打模块排列组合牌"的创新陷阱，真正给企业带来可持续性竞争力的或许还在于数字经济时代颠覆式创新的挖掘。

资料来源：Mike. 一次性讲透阿里中台架构 [EB/OL].（2019-11-13）[2021-12-08]. http://www.uml.org.cn/zjjs/201911134.asp；郭朝飞. 后马云时代的新战争 [EB/OL].（2018-11-30）[2021-12-10].https://baijiahao.baidu.com/s?id=1618525339448087281&wfr=spider&for=pc；Mr.K. 阿里彻底拆中台了！[EB/OL].（2021-02-02）[2021-12-10].https://jishuin.proginn.com/p/763bfbd392a5.

数字孪生助力数字化架构转型

除了上一节提到的四种数字化组织架构外，在传统企业逐渐向数字化转型过渡的过程中，构建数字孪生也会是大部分传统企业可以学习借鉴的思路[1]，目前这已成为超过六成的企业正在采纳的有力的数字化工具[2]。美国通用电气（General Electric Company, GE）的 Predix[3]、西门子的 MindSphere[4] 都是传统制造业企业在数字化转型过程中开发的针对数字孪生的领军系统。

数字孪生是一种物理产品在虚拟空间中的数字模型工具，包含了从产

---

[1] Parmar R, Leiponen A, Thomas L D W. Building an organizational digital twin [J]. Business Horizons, 2020, 63(6): 725-736.

[2] Costello K, Omale G. Gartner survey reveals digital twins are entering mainstream use [R]. Gartner, 2019.

[3] 通用电气开发的工业互联网操作系统，是一个针对数字孪生进行优化的平台和学习系统。

[4] 西门子推出的一种基于云的开放式物联网操作系统，它可将产品、工厂、系统和机器设备连接在一起，并通过高级分析功能来驱驭物联网产生的海量数据。

品构思到产品退市全生命周期的产品信息。数字孪生体不仅与真实世界中的孪生兄弟形似，同时还能数字化模拟产品实际运行，通过安装在产品上的传感器反馈回来的数据，反映产品运行状况，乃至改变产品状态。常见的应用是在飞机的研发和制造过程中，利用数字孪生模型模拟实际飞行参数、大气气流等数据，并通过传感器反馈到传感器中进行模型优化，从而降低真实飞行中事故发生的概率。因为运用了 AI 和物联网技术，数字孪生可以打破不同职能部门的界限和数据孤岛，在快速感知客户需求并响应的同时，降低生产成本，提升用户的产品体验，全面提升产品的生命周期管理水平。接下来，我们将从打造数字孪生组织的视角出发，给出传统组织顺利过渡到数字化阶段的三条建议。

基于已有数据资源进行合理规划

数字孪生的一大特色是与现实世界中的流程类似，那么进行数字化布局的第一步就是审视组织目前手中已有的数字化工件，包括组织、供应商及互补者拥有的传感器、连接、数据和分析模型等。在全面考虑组织内部所有资产、流程和交互情况后，再开始创建数字孪生的初始实体模型（initial entity model），主要包含三方面模型：一是用信息模型呈现组织已有的传感器、流程流和分析模型；二是用场景模型模拟这些数字工件在不同场景内的预测数值；三是用影响模型来对比分析数字工件之间的相互关联和内在影响因素。

构建数据平台盘活现存数据资源

众多传统组织借助信息化和数字工具已经在组织内部积累了大量数据资源，然而此时面临着一个致命问题——这些数据都被封闭在各自独立的组织单元中，信息孤岛效应使得数据资源能量难以释放。而为了使数据联通，构建起组织内部的数据平台显得尤为关键。打造一个联通各业务单元的数据平台供内部员工访问可以降低沟通交流成本，提高信息反馈效率。此外，为了最大效用利用好平台上的数据资源，组织也需要保持一定的对外开放度，也就是说，当组织想获得外部互补者或供应商的创新服务和洞见时，需要保证合作伙伴对内部数据平台的无障碍访问。当然，当此类数据资源所有权归属第三方时，组织应严格遵守相关法律和保护措施，避免未经法律和技术授权而擅用数据造成的违法行为。

寻找新机遇以拓展数字化边界

在对组织内的流程和资产持续进行数字化的基础上，开辟新的数字化疆域来发掘机会潜能也不容忽视。这涉及将组织内部分数字化或根本没有数字化的资产和流程继续数字化，形成配套的数字孪生体，并且关注行业领域中所有其他类型的资产、流程及交互上的数字化，确保组织生成的数据流与内外部数字孪生的信息、情境、影响模型相兼容。例如，通力（KONE）在收集电梯传感器信息来维护电梯时，需要同时协调来自霍尼韦尔和通用电气的数据格式和相关协议，通力因此创建了"通力标准"来规范数据。

　　随着多方参与者将数字孪生交互并联，多重数字工件和数字化基础设施为组织创新提供新的机遇。例如，组织可以更积极地运用所连接的物理对象生成的数据来改进产品或服务；寻找能够整合行业内数据、跨行业合并数据的机会；用非关键性数据的交易增强组织对数据的洞察力，从而创造价值；通过构筑企业编排数据的能力来寻找新的数字化机会；等等。

第 11 章

数字化领导力、组织变革与治理

全球顶尖管理咨询公司麦肯锡的卡雷尔·多尔纳（Karel Dorner）和戴维·爱德曼（David Edelman）对企业数字化做了这样的描述："对于一些高管来说，这是一场关于技术的竞争。对于其他人而言，数字化是一种与客户互动的新方式，它代表了一种全新的经营方式。虽然这些定义都不一定不正确，但是这种多样化的视角却经常让领导团队'四分五裂'……企业会经常出现不连续的举措和错失方向的努力，继而表现出迟缓或从一开始就迷失方向。"①

在第 7 章和第 8 章，我们讨论了企业通过参与、蚕食、构建数字生态系统来获取数字经济时代的竞争优势；在第 9 章和第 10 章，我们讨论了企

---

① 澳财. 麦肯锡：企业搞数字化转型，千万别被技术"绑架"，真正的核心是这个！[EB/OL]. (2019-08-19) [2021-02-18]. https://kuaibao.qq.com/s/20190819A0M1QC00?refer=cp_1026.

业的数字化研发如何推进，以及数字化组织架构如何变革。事实上，无论是数字生态战略的打造还是企业内部数字化转型战略的实施，掌舵人的作用都是不容忽视的。在数字化颠覆的时代里，越来越多的企业开始一头扎进数字化转型的浪潮中，然而快速的变化和纷繁的技术可能会让企业在这片潮流中迷失方向。数字颠覆的特殊需求也需要领导者做出改变并发展某些新技能来带领企业更好地乘风破浪。那么，数字化领导力是什么？与传统领导力有何区别？需要什么新的技能和方法？我们是否需要重写领导力手册？

围绕这些问题，本章将数字化领导力定义为个人或者组织引导团队和组织战略性地利用数字资产来实现业务目标的能力[①]。具体来看，本章将数字化领导力分为两个层面：一是个体的领导力，对于企业来讲，就是企业管理者和领导者如何带领企业进行数字化转型、利用数字资源和数字资产实现企业成长和组织变革的领导力。二是组织的领导力，即组织作为一个整体，尤其是作为数字生态中的关键参与者，对生态内的其他组织的影响力。本书中我们主要关注当企业作为数字生态系统的领导者时，如何借用数字化的工具来应对数字生态治理提出的新需求，从而推进整个生态更好地演化和成长（见图 11-1）。

---

① GDS Insights. What is Digital Leadership? —Definition, Examples, Skills, Qualities.[EB/OL]. (2021-04-10) [2021-06-10]. https://gdsgroup.com/insights/marketing/blueprint-for-digital-leadership/.

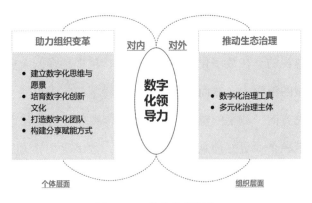

图 11-1　数字化领导力

数字化领导力画像

数字经济时代的到来极大地改变了企业的游戏规则。随着越来越多的企业努力开发新的数字能力，组织文化、战略制定过程和人才管理工作都发生了重大变革。这些变革过程提出了重要问题：这个时代需要怎样的数字化领导力？在内外部数字战略实施的过程中，数字化领导力又会发挥什么样的作用？为了回答清楚这些问题，我们主要从个人层面来理解领导力，主要讨论负责监管数字资产的领导者是如何采用新的行为模式和新的技能来适应颠覆性时代的要求，充分利用数据并进行改进以推动业务向前发展的。

数字化催生新职位：首席数据官

在大数据时代，首席数据官（CDO）对企业的未来发展发挥着越来越重要的作用。CDO 是在整个企业中负责数字化转型业务、制定并执行数字解决方案战略的业务主管。该职位的具体职责范围因企业而异，但通常会覆盖多个职能和业务部门。据估计，在 2008 年，全球大概只有十几家公司设有 CDO 的职位，而这一数量在 2015 年已经超过 2000 家。而到了 2017 年，咨询公司思略特（Strategy&）的一项研究发现，已经有约 19% 的全球顶级公司拥有 CDO，其中 60% 是在 2015 年以后聘用的[①]。很多公司虽然没有专门设立一个 CDO 的职位，但在实际上将这一责任纳入现有高管团队领导的角色中，即首席信息官、首席营销官、首席技术官、首席创新官、首席战略官、首席数据官、首席运营官和其他职能主管。

CDO 通常有三大任务（具体实践请见案例聚焦 11–1 ）。

- **建设数据采集通道**。这是 CDO 的核心任务之一。数据采集渠道通常涉及传统信息系统、物联网系统和互联网、互联网信息采集以及移动终端。在建立信息渠道的过程中，CDO 一方面要与 CIO 合作，另一方面要考虑企业业务发展需求。

- **搭建数据分析平台**。这是 CDO 需要掌握的核心技能之一。另外，数据分析平台的建立是一个系统化的过程，CDO 要根据企业整体信息化建设框架进行规划，特别是要考虑企业的业务特点，否则容易出现信息孤岛问题。

- **开拓数据应用渠道**。与数据分析平台相比，数据应用渠道更注重数据分析对企业运营的指导价值，涉及各种决策。如果数据分析过程更注重技术的应用，那么数据应用渠道需要 CDO 具备较丰富的行业知识和管理知识。

---

① 首席架构师智库. 「数据战略」首席数字官(CDO)的崛起及其作用. [EB/OL]. (2020−07−20) [2021−12−14]. https://cloud.tencent.com/developer/article/1664679.

案例聚焦 11-1

海尔集团成立数据平台管理部

2019 年海尔集团成立了数据平台管理部，由拥有 18 年信息技术领域经验的熊媛媛担任总经理。在未来新的数据驱动经济中，这一部门主要承担以下几个职能。首先，要承担数据货币化的职责，基于采集挖掘到的数据模型推出新的产品和服务，并从中挖掘新的业务机会。其次，要构建现代数据环境，确保所有企业数据都被汇总并据此提供有效分析，全力打造集中式"数据湖"和现代化数据环境以打破数据孤岛，形成海尔自身的数据生态，借此进一步推动企业的数据战略与数据决策，加速组织内各方项目的成长。最后，还要负责数据伦理工作。随着法律法规对数据安全方面的要求日益严格，数据负责人在从数据中获取价值的同时还需要确保不会滥用客户数据。随着数据量呈指数级增长，组织数据系统和算法将需要强大的伦理安全考量。数据治理工作也是海尔集团数据平台部门及其 CDO 在未来需要肩负的责任。

资料来源：根据访谈资料、海尔官网公开信息整理。

数字化领导者的角色与职能

在数字化转型中，领导者的角色是推动快速决策过程和变革的核心。数字化领导是变革型领导风格和数字技术使用的结合。数字化领导被定义为领导者在优化使用数字技术为企业创造价值方面的文化和能力的结合[1]。通常来说，数字化领导者具备五个特征：坚忍不拔、善于创新、远见卓识、

---

[1]　Kohli R, Johnson S. Digital transformation in latecomer industries: CIO and CEO Leadership Lessons from Encana Oil & Gas (USA) Inc [J]. MIS Quarterly Executive, 2011, 10(4):141-156.

求知若渴和慧眼独具（具体见表 11-1）。VUCA 因素导致当下生态系统的竞争变得紧张、激烈和复杂，领导者需要通过自身能力或合作进行创新。互联网和云技术作为第四次工业革命的主要驱动力，是以知识为基础的，需要压倒性的新能力，因此领导者必须具有学习的能力、具备深厚的知识储备，并能够深入理解学习和变革。

表 11-1　数字化领导者的五大特征

领导者特征	具体要求
坚忍不拔	面对激烈竞争和市场变化的坚强毅力
善于创新	有创造力和创新思维，并能够将想法变成现实
远见卓识	有能力提供方向，并成为数字业务转型的指挥家
求知若渴	由于易变性、不确定性、复杂性和模糊性因素，生态系统复杂而动态，数字化领导必须具备学习能力
慧眼独具	对复杂的时代具有深刻的理解，在解释、假设和综合信息中使用他们的知识来做出决策

资料来源：Zhu P. Digital Master: Debunk the Myths of Enterprise Digital Maturity[M]. Lulu Publishing Services, 2015.

问题聚焦 11-1

数字化领导者一定是技术领袖吗？

从上述描述中我们发现，数字化领导者需要掌握人工智能、大数据等数字技术背后的基础知识以及底层逻辑，但是数字化领导者必须是技术领袖吗？答案是否定的。技术是达到战略目的的手段，是实现客户和领导者所期望的组织数字化转型与变革的推动者。他们需要知道怎么运用这些技术来实现自己的目的，但他们本身不需要成为数据科学家、统计学家、资深程序员或 AI 工程师这样的数字技术领袖。

数字化领导者真正需要的是对数字化有足够的理解，以认识到企业自身的技能差距，并确定可以与谁合作，这样其带领的项目和组织才能蓬勃发展。数字公司的优秀领导者不需要是技术领袖，但是必须理解员工与日益数字化的运营模式进行互动后将不可避免地出现的关键问题，他们需要拥有推动企业持续进化所需的灵感和能力。正如每个工商管理硕士学生在无须成为专业会计师的情况下仍然要学习会计知识及其对商业运营的作用一样，数字化领导者对人工智能以及相关的技术和知识体系也需要这样做。领导者应该从了解他们正在创建和领导的数字系统开始，充分理解数字经济时代这些组织成长变革背后的规律，并将其灵活运用到日常管理与战略推动中。

数字化领导力的实现：从管控到赋能

数字经济时代来临，指挥与控制的领导方式取得了巨大成功，这种成功又进一步强化领导者对这种管理风格的执着，并增加了抵制变革的理由。数字经济时代，新的商业模式需要一种与传统商业领袖不同的管理风格以适应复杂的网络化组织。旧的层级式领导模式不再适用，指挥和控制不再是管理业务的最佳方式。领导者的职能需要从原先的管控转向赋能，通过连接、协作和影响来激活组织中的各个行动者，从而充分调动数字化人才和那些拥有碎片化数字知识的员工的积极性。具体地，数字化领导者需要做到以下三点。

● 数字化领导者需要与所有人建立平等的网络关系，并利用影响力和知识中介的位置勾勒出大家认可的愿景蓝图，引导大家为共同的目标努力并充分协作，成为员工身边的共同创造者。

● 协作是数字经济时代领导者成功的关键。数字化领导者必须持续鼓励员工与团队成员合作，以及团队与团队之间合作。在形成一定的氛围基础后，员工将能够自主决定他们如何根据特定目标与对应的人员有效协作。在这方面，领导者的角色是鼓励和指导员工个人和集体朝着更协作的方向发展[①]。

● 在协作的基础上，成功的数字化领导者还需要发挥自身的影响力和作用，即共享他的智慧。真正的协作环境需要有组织的领导，否则领导者将无法确定在整个过程中需要做出哪些决定。但是这有别于传统的指挥与控制，数字化领导者很乐意交出控制权，并根据情况需要选择合适的领导者。

数字化领导力助力组织变革

数字经济时代的优秀领导者不仅需要拥有与时俱进的数字思维、描绘一幅能够凝聚员工力量的企业愿景，还需要创造一个充满活力的数字化创新文化氛围，吸引最优秀的数字化人才，同时积极调动企业内碎片化理解数字化的员工，并为他们赋能以充分激发他们各自的潜能。正如开篇我们

---

① Cortellazzo L, Bruni E, Zampieri R. The role of leadership in a digitalized world: A review [J]. Frontiers in Psychology, 2019, 10: 1938.

所提到的，与数字颠覆相关的快速变化可能会让人迷失方向，因此为了迎接数字经济时代，领导力手册必须重写。接下来我们将首先从数字思维和变革愿景的建立、数字化创新文化的培育、数字化团队的打造、分享赋能方式的构建这几方面来对数字化领导力如何助力组织变革展开讨论，并在此基础上提出这个过程中数字化领导者可能面临的"陷阱"，从而为数字化领导者更好地发挥作用提供思路。

建立数字思维和变革愿景

数字化是一场深层次的变革，不仅需要改变公司运营体系中技术上的辅助应用，更需要改变整个公司对数字经济时代的认知，从思维模式和战略前瞻上带领组织迎接智能时代的到来[①]。因此，数字化领导者需要具备数字思维，这种数字思维是底层的数字素养，而非单纯的编程或数据科学等技术技能。具备底层数字思维至关重要，原因有二：一是其有助于形成数字经济时代组织变革所需的领导技能——具有变革的远见和前瞻性。一个不懂数字技术的领导者将很难跟上新兴趋势和发展的步伐，也无法理解这些趋势如何带来新的价值或对组织构成威胁。二时其有助于领导者在高层次上理解技术是如何工作的，能使领导者在不确定的环境中做出更明智的决策。

在数字组织中最重要的领导技能是建立变革愿景，包括预测市场和趋势、做出明智的商业决策和在动荡时期解决棘手问题的能力[②]。此外，前瞻性也显得格外重要，这要求领导者有清晰的愿景、合理的战略和远见。具

---

① 忻榕. 数字化企业，需要具备五项能力[EB/OL]. (2020-06-10)[2020-12-23]. https://mp.weixin. qq.com/s/I6AzM-1C7FLdbhOnkXWH1Q.

② Sow M, Aborbie S. Impact of leadership on digital transformation [J]. Business and Economic Research, 2018, 8(3): 139-148.

有变革愿景的领导者能够提供目标和方向，最终顺利带领企业实现数字化转型与组织变革（详见案例聚焦 11-2），反之可能会在花费了重大投入后最终走向失败（详见案例聚焦 11-3）。

案例聚焦 11-2

看巴宝莉 CEO 安吉拉·阿伦茨如何妙手回春

2006 年，有着悠久历史的老品牌巴宝莉（Burberry）在时尚界中有些过时了，在一众奢侈品牌中表现得差强人意，明显不如同行。幸好当时聘请了一位有远见的数字领导者安吉拉·阿伦茨（Angela Ahrendts）来重新带领这个团队，巴宝莉才得以重振品牌的往日雄风。那么，阿伦茨是如何妙手回春的呢？阿伦茨上台后，就将"数字化作为巴宝莉的一种生活方式"确立为企业的愿景，将数字技术设为战略规划的核心，主要实施了以下措施来推动巴宝莉的数字化转型。

首先，瞄准千禧一代，重新定位巴宝莉，让数字化发挥更大作用。纵观巴宝莉的全球业务，在中国、印度、土耳其和拉丁美洲等高速增长的市场中，高净值客户（购买力强的顾客群体）的年龄要比发达市场平均小 15 ～ 20 岁，对于这些年轻顾客来说，他们更青睐数字技术，拥有智能设备并对此产生依赖。因此，巴宝莉根据这些年轻时髦的消费者的需求，以数字化的方式重新推出品牌。"数字技术就是他们的通用语言"，阿伦茨如是说。

其次，巴宝莉不仅在传统数字平台精心布局，还把高科技应用到对奢侈品极为重要的时装秀和零售店面的打造上。例如，利用 3D 全息影像打造了一场仅用 6 位模特就完成的豪华秀典。又比如，打造数字化概念零售店，使得线上和线下购物旅程无缝对接，让用户进入网站购物和走进实体店有同样的购物体验。2020 年，巴宝莉还联手腾讯打造了全球首家数字化社交新零售体验店，以"畅享当下，走进未来"为主要概念，将线上与线下平台合二为一。顾客通过特设微信小程序以拥有全新体验，解锁专属内容，享受个性化体验。

最后，充分利用社交媒体。在社交媒体建设方面，巴宝莉在脸书上已经拥有 1700 多万名粉丝，推特上的粉丝数达到 825 万人；而在中国，巴宝莉已在新浪微博、小红书、优酷、豆瓣等社交媒体和网站开设品牌主页，人气都极旺。

资料来源：根据公开资料整理。参考新浪财经 . Burberry：数字化营销先行 [EB/OL]. (2012-05-12) [2021-05-08] .http://finance.sina.com.cn/leadership/mroll/20120510/175212039151.shtml.

案例聚焦 11-3

美国通用电气公司数字化转型失败之路

美国的通用电气公司（以下简称 GE）一直想要实现数字化的转型以称霸整个工业互联网。2015 年，GE 成立了新的数字业务部门——GE Digital，GE Software 前副总裁比尔·荣（Bill Ruh）担任 CEO。GE 在当时为此投资了数十亿美元，尽管这家公司已经给很多人留下深刻印象，但它并没有可以持续或广泛开展的转型。这个数字部门在变革过程中缺乏数字思维，单兵作战而没有与 GE 其他业务部门广泛开展可靠、稳定、开放的合作。即使数字部门成为一个独立的利润中心，也无济于事，因为它越来越多地被 GE 其他业务部门所竞争，这些部门既不采用其技术，又不提供其支持。此外这一数字化变革之举也没有明确的愿景和使命，在数字业务部门成立之后，领导者并没有不断地支持，也没有进行开明和坚定的领导，即使花费数十亿美元也不会为一个破裂的组织带来凝聚力。

资料来源：Iansiti M, Lakhani K R. Competing in the Age of AI: Strategy and Leadership When Algorithms and Networks Run the World[M]. Cambridge, MA: Harvard Business Press, 2020.

培育数字化创新文化

在领导者具备了一定的数字思维并清晰勾勒出数字化变革愿景后，培育企业内部的数字化创新文化成为实现组织变革的灵魂。谷歌公司的数字化创新走在世界前列，下面我们来看看它是如何培育数字化创新文化的（见案例聚焦 11–4）。

案例聚焦 11–4

谷歌公司的数字化创新文化

众所周知，谷歌公司是创新和想象力的温床。这离不开其内部独特的数字化创新文化。一方面，谷歌实行"20% 时间政策"，该政策允许其员工将至少 20% 的工作时间用于"宠物"项目。这些项目很多都基于谷歌庞大的数据体系和数字架构运行。每当谷歌员工想从事超出其职责范围的其他工作时，他们就会获得额外的资源并得到充分支持，以便可以完成这些工作。通过给予员工这种自由，谷歌不仅可以获得很多收益，还可以吸引有才华的人加入他们的队伍。另一方面，在大多数公司中，不同部门之间信息和数据无法自由流通，因此在运行大型项目时，无法尽快做出决策。这会导致很多摩擦，并且可能会对从事特定项目的员工造成巨大的压力。而在谷歌有一种特殊的协作创新文化，即所有利益相关者都定期进行沟通，不仅共享想法，而且交流数据分析。大家的想法和回馈在团队成员之间自由传播，激烈碰撞。研究人员、科学家、工程师、产品经理、分析师，所有人共同努力，发挥数字经济时代极其重要的协作优势，最终取得别出心裁的创新成果。

资料来源：博商管理科学研究院．润物细无声：解读谷歌的企业创新文化 [EB/OL]. (2015-12-29)[2021-01-21]. https://www.sohu.com/a/51090260_320733.

打造数字化团队

数字经济时代的领导者在推动组织变革的过程中必须打造一支强有力的数字化团队，只有拥有高数字素养的员工团队才能使企业在数字化转型中获得源源不断的动力（详见案例聚焦 11-5）。这一方面需要不断投资以提升员工的数字能力，为员工提供充分的培训机会，帮助他们掌握通用技能，以确保企业数字化转型战略能够经受得住未来的考验。同时，努力支持和激励员工面对陡峭的学习曲线和高认知要求带来的挑战。另一方面需要建立起有效的联动机制，不断增加连接和信息共享来打破层级、职能和组织边界，使基于任务的活动转变为基于项目的活动，让每一个员工都直接参与到产品和服务新附加值的创造过程中，得到应有的认可和成就感。

案例聚焦 11-5

"奈雪"的数字化团队

奈雪的茶 2015 年成立于深圳，以 20 ～ 35 岁年轻女性为主要客群，主打"茶＋软欧包"的创新搭配。2017 年 12 月，奈雪的茶开始走出广东地区，向全国范围扩张，开启"全国城市拓展计划"。2021 年 2 月 11 日晚，奈雪的茶正式向港交所递交上市 A1 表，启动上市流程，开始与喜茶争夺"新茶饮第一股"。快速拓展的背后是奈雪的茶的数字化转型以及其精锐的数字化团队的努力。

传统的茶饮行业想要实现数字化转型最需要的就是专业的数字化人才。奈雪的茶的领导团队意识到了这点，2019 年便着手成立专门的数字化团队，从产品研发到线上小程序，都加码数字化布局，大力网罗了很多 BATJ^① 的技术人才。到了 2020 年，奈雪的茶更是将瑞幸咖啡原 CTO 何钢纳入麾下，担任其 CTO 一职，带领技术团队助力奈雪的茶的数字化建设。在这一支精锐部队的助阵下，奈雪的茶在门店端操作程序、后端设备研发、管理系统、会员系统等各个环节都实现了数字化，并通过数据分析和数据洞察让用户的喜好、消费趋势变得有迹可循，不断优化产品端、供应链端以及消费者端。在数字化对各个环节的赋能下，奈雪的茶实现收益的稳步提升。数据显示，奈雪的茶的收益由 2018 年的 10.87 亿元增至 2019 年的 25.02 亿元，并由 2019 年前三季度的 17.50 亿元增至 2020 年同期的 21.15 亿元。

资料来源：新浪科技．奈雪的茶赴港上市背后，如何借数字化逆势增长？[EB/OL].(2021-02-14)[2021-04-10]. https://finance.sina.com.cn/tech/2021-02-14/doc-ikftpnny6749321.shtml.

构建分享赋能方式

第 10 章讨论了扁平化和权力下放的数字化组织的特点。要实现这两点

---

①　百度、阿里巴巴、腾讯和京东的简称。

就需要领导者前所未有地广泛授权，打造敏捷、去中心化的组织，通过构建分享赋能的方式让员工拥有更多自主权去做自己擅长并觉得有意义的事，借助敏锐的洞察力和独特的创造力为团队指明方向。具体需要做到以下两点。

● **促使员工积极跨界合作。** 当下工作空间变得越来越无边界，参与者类型正在增加，来自不同团队的工作人员、相关专家甚至人工智能都能在数字化领导的引导下为了一个共同的愿景迈进，紧密协作。以《华盛顿邮报》为例，这家美国媒体巨头在 2016 年里约奥运会上借助 AI 提供比赛报道。现场工作的记者与这些机器人、自由摄影师和专栏作家共同撰稿，而且总部的编辑人员在此期间与来自不同机构的创造者进行远程协作。正是数字化领导让所有这些利益相关者能够井然有序地进行跨界协作。

● **赋予团队与众不同的思路与方向。** 数字化领导可以使人们超越常规和普通思维。史蒂夫·乔布斯（Steve Jobs）就是一位著名的数字化领导，因为他看到了施乐帕克（Xerox PARC）研究中心的计算机图形技术，将其用于开发第一个图形用户界面，由此开创了个人计算机的新时代。乔布斯的才能促使公司的员工也提出了更多不同的想法。数字化领导能够使他们的员工更懂得如何满足客户的需求，深刻理解客户在产品中寻找什么。

组织变革中的数字化陷阱

在数字化转型过程中，大数据、人工智能等数据驱动的技术正在推动组织加速变革。虽然数字经济时代的领导强调了数据驱动的决策，但数据本身并不包含商业逻辑，只是一种技术辅助。而且，任何新的工具或技术都可能被用于错误的任务或使用得过于频繁，最终导致组织落入数字化陷阱（见表 11-2）。因此，在数字化变革过程中，尤其是在数据驱动决策时，数字化领导者的敏锐洞察力和直觉判断力就更为重要。由此也产生了组织变革中的一个悖论：未来的领导者在进行组织变革时离不开数据驱动以及对数字工具的充分利用，但是过度依赖数字工具又可能让组织变革误入歧途。

表 11-2　组织变革中的数字化陷阱

领导者可能产生的认知偏误	具体要求
对定量数据过度依赖忽视整体判断和直觉	许多战略问题复杂且混乱，它们只能部分地进行纯粹的定量分析。在战略层面过度依赖定量数据会削弱管理者对大问题的关注。此外，看似困难、具体和特别有洞察力的数据可能会诱使管理者过度简化复杂的问题，并低估经验和其他知识来源
过分强调庞大的数据需求计划	大数据项目很有前景，可能可以为组织提供很好的机会来提高竞争优势，但管理者可能会忽视或低估这些大数据计划相关的风险，它们往往是耗时、投机和消耗资源的，无法提供短期收益
使用大数据进行过于复杂和缓慢的决策	过度依赖大数据和数字技术会让高层管理陷入瘫痪，尤其是许多组织报告称难以在组织内建立"分析文化"和培养量化技能
数据驱动决策中的偏差	数据分析存在确认偏差、近期偏差、获得性启发等各种产生偏误的可能，即使是拥有大量数据集训练的人工智能系统也可能会因为特定的训练方式纳入人类的偏见，例如亚马逊招聘算法的偏误导致其过量招到男性而忽视了女性
阻碍较低层次组织的创业和创新	当总部管理者过多参与子公司内部运营决策时，子公司经理就不太有能力也不太倾向于推动创业计划。此外，高级管理者如果对组织内部较低层次的创新机会有偏见，例如倾向于与新的、较小的公司建立伙伴关系，则可能会阻碍创意的创造

资料来源：Nell P C, Foss N J, Klein P G, et al. Avoiding digitalization traps: Tools for top managers [J]. Business Horizons, 2021, 64(2):163−169.

要绕开上述五个数字化陷阱，使数字化领导力真正助力组织变革，可以采用以下策略。

第一，了解数字化的极限。归根结底，大数据、人工智能和机器学习只能为决策提供支持，而不是人类判断的替代品。管理者必须决定收集什么数据、选择什么形式的分析，了解结果意味着什么、应该采取什么行动。明智的管理者会使用算法，也会保持正确的观点，理解它们的弱点，并且只在适当的时候才依靠它们。

第二，重视"小数据"。与大数据计划相比，结合了整体判断和直觉的小数据项目通常风险更低、更复杂、资源浪费更少，极具前景。

第三，不要等太久才采取行动。不完整的数据，包括定性信息和直觉，有时对商业决策尤其是需要快速反应的决策来说是足够的。

第四，更多地让下属参与进来。数字化能够实现组织重组，将决策权集中在高层，这可能会损害下属部门和人员执行重要任务的动机和能力。在适当的情况下，数据驱动的决策方式应在整个组织中使用，以增强基层决策者和高层管理人员的决策能力。

第五，强调创新和创造力。建立创新文化是困难的，寻找新的方法来激发员工的创造力是数字化组织变革的重要任务。公司必须与时俱进地挑战激励体系，平衡数字收集分析与数字创新的动力。接下来我们将详细阐述组织变革中数字化领导的具体实践[①]。

---

① Nell P C, Foss N J, Klein P G, et al. Avoiding digitalization traps: Tools for top managers [J]. Business Horizons, 2021, 64(2):163−169.

数字化领导力推动生态治理

数字生态治理的新需求

数字技术颠覆了传统企业的商业模式，改变了客户的价值主张、价值获取方式、价值创造过程，催生了更加敏捷高效的组织形态。组织边界被不断打破，不同创新参与者之间呈现相互依赖的合作伙伴关系，焦点企业与互补企业、同行竞争者、供应链企业和客户之间形成类似于生物与生物之间、生物与环境之间互利再生的生态系统。竞争也不再是企业间的竞争，而是升维到了生态间的竞争。因此，当我们讨论数字化领导力时，也不能再拘泥于企业内部的领导力，而是应该从更加广阔的视角来讨论企业，尤其是生态中的焦点企业，如何发挥数字化领导力的作用以推动生态更好、更健康地演化和成长。在讨论这个问题之前，我们先来看看数字生态治理所面临的新需求。

● 治理边界模糊

组织中需要治理的对象和范围被称为治理边界，它界定了组织中各参与主体及其协同创新的领域。企业生态系统中不同主体间存在双向的交互作用及其产生的网络效应，这种交互网络效应使得企业之间的关系不再是单个企业之间的竞争和合作，也不仅是存在于供应链和价值链上的链式关系，而是不同网络之间、不同平台间快速迭代、不断演化的竞合关系，需要治理的对象和范围也因为生态系统中动态复杂的组织关系不断增加而模糊，包括顾客、供应商、互补者、中介机构等在内的所有利益相关者。这些参与主体以创新为目的，围绕关键技术、共享知识、特殊技能等进行合作和竞争，在实现自身价值的同时推动平台生态系统不断演化。这种跨边界或无边界的合作和创新使得治理的边界日益扩大并逐渐模糊，对数字经济时代企业的治理提出了新的要求。

● 生态圈中的负向演化问题

高速发展的数字技术不断给企业赋能，企业在构建其生态系统并快速扩张的同时也面临着更高的不确定性和复杂性。不少先发者在突破临界规模成为行业的"领头羊"后，因无法维持其竞争优势而迅速溃败。例如，曾连续 10 多年蝉联手机行业销量冠军的诺基亚，2013 年被微软全面收购后，仍一蹶不振，逐渐销声匿迹。2016 年 7 月，美国电信公司 Verizon（威瑞森）以 48 亿美元收购雅虎核心资产，这位昔日的搜索界千亿巨头正式陨落。平台企业的溃败及如何规避失败也成为学者和业界的热点话题之一，相关研究主要从平台企业的演化过程以及制定平台企业的管理策略等方面展开。

平台企业以生态系统的形式运行时，由于生态系统成员高度的异质性以及成员间松散耦合的组织关系，平台生态系统的运行效果并非都很理想。平台生态系统中不同参与主体间的交互在推动生态系统协同创新的同时也可能导致一些生态系统的负向演化。例如，电商平台中的恶性竞争就是典型的生态圈负向演化的典型例子，同行之间通过流量争夺、重价轻质、排他交易等策略进行竞争，输者退出平台甚至退出市场，赢者实现垄断经营，间接伤害消费者的权益，陷入经济学意义上的伯川德(Bertrand)式竞争困境①，使得生态系统参与者之间的关系形成恶性循环，导致生态系统负向演化直至溃败。

● **多元主体间价值共创和共享难题**

数字技术使得价值共创体系中企业间的关系价值发生了变化，对企业价值共创过程产生影响②。然而，受不同参与主体认知差异、文化冲突和有限理性的制约，生态系统中经常出现机会主义行为和集体行动偏差，例如部分企业存在"搭便车""大吃小"等行为，破坏生态系统中其他主体的利益，影响主体间合作的广度、强度、速度和灵活度，造成多元主体间价值共创和共享的难题，无法实现生态系统内部创新能力的倍增效应。

尽管生态系统中的不同主体会围绕一些共享的知识和技能、共性技术进行合作以实现价值共创，但是对于涉及企业核心竞争力和维持其竞争优势的关键技术或机密信息则难以实现有效共享，从而导致不同主体间的信息不对称。不同参与主体或多或少地因为不掌握其他主体的核心信息在生态系统中处于信息劣势，平等的角色地位被打破，不同主体也无法全身心实现价值共创和共享。因而，需要建立适宜的治理机制以规范不同主体的行为活动。将机会主义行为和信息不对称控制在可控范围内也是数字经济时代领导力的要求之一。

---

① 可理解为厂商之间产品完全同质化。价格信息是公开透明的，消费者只找价格最低的厂商购买，因此在产能无限制的条件下，定价最低的厂商将赢得市场，而定价较高者将无法获得收益，从而亏损。

② Dyer J H, Singh H. The relational view: Cooperative strategy and sources of inter-organizational competitive advantage [J]. Academy of Management Review, 1998, 23(4): 660-679.

● 裁判员 vs. 运动员

焦点企业在数字生态系统的运行和演化过程中，不仅直接参与生态系统价值创造过程，同时也掌握着系统内的资源通道，具有"裁判员"和"运动员"的双重身份[1]。例如，淘宝平台作为生态规则设计者，为了激发多主体能动性、实现持续创新，在扩展平台生态的同时，兼做自营，推出自主品牌天猫商城、阿里百川等。具有双重身份的焦点企业在治理过程中就会面临一定的挑战。一方面，生态系统的价值创造不仅来自促成双边群体之间的交互，也来自实现焦点企业自身利益的最大化，这在一定程度上会引发参与者的不信任。另一方面，焦点企业与系统内的其他参与者的关系结构模式存在多样性，并不断动态变化，这可能会导致部分"编外人员"加入生态系统的动力不足，为生态边界的进一步扩张带来挑战。

从传统治理到数字化治理

传统治理多是在财务和人力资源方面有严格清晰的治理机制和模式，例如：通过品牌治理，确保品牌元素的一致性和合理性；通过 IT 治理，有效使用信息技术资源，提高企业运营效率；通过供应链治理，确保高效、合规的采购。在数字经济时代，对数字化能力的新需求和随之而来的风险，使得数字化治理成为所有企业必不可少的关键能力。尤其是越来越多的企业开始以平台主的身份构建生态系统，整合数以万计的企业，成为产业的

---

① Mäkinen S J, Kanniainen J, Peltola I. Investigating adoption of free beta applications in a platform - based business ecosystem [J]. Journal of Product Innovation Management, 2014, 31(3): 451−465.

聚合体。在此趋势下，企业应借助数字化工具建立更加分散、灵活、柔性和不断迭代的数字化领导力以推动生态系统的治理（见图 11-2）。

图 11-2　数字化领导力推动生态治理

数字化治理是一个框架，为新型组织中的数字化存在（例如网站、移动站点、社交渠道以及其他由因特网和万维网赋能的产品和服务）建立责任制、确定角色以及决策权①，即构筑数字化领导力，通过明确数字治理工具（利用因特网和万维网制定绩效目标和指导原则，以及利用数字团队管理风险和加速创新）和治理主体（新型组织运营时的主导型和辅助型治理主体），确保组织的有序扩张和发展。

● 治理工具数字化

在数字化转型的过程中，由于参与主体的异质性和技术的复杂性，

---

① Welchman L. Managing Chaos: Digital Governance by Design[M]. New York: Rosenfeld Media, 2015.

焦点企业需要借助数字工具打造数字化领导力，解决生态系统负向演化以及多元主体间价值共创和共享的难题。焦点企业通过设置不同规模和职能的数字化部门打造柔性且有效的领导力，推动生态系统的协同创新。这些部门致力于发展企业数字化转型所需的数字技术和服务，消除或者减少转型过程中的阻碍，创建生态系统范围内共享的基础设施，如分析能力中心、创新实验室、统一的用户数据库、企业无线平台等，打造覆盖整个生态系统的分布式治理体系。

由于转型过程需要专业的技能，数字化部门积极吸纳新的人力资源，如数据分析、社交媒体、云计算方面的专家，以社交、移动、AI和云技术实现人力资源服务和流程的数字化，使生态系统内企业间的竞争与合作更高效[①]。例如 2019 年西门子宣布推出的 Xcelerator[②]，在整合不同类型的数字化治理方案、帮助各种规模的企业实现数字化转型的同时，也通过自身包含的不同产品协调所有 Xcelerator 生态系统参与者之间的信息流，创建可跟踪的数字主线，营造开放的协作环境。

● 治理主体多元化

数字经济时代，在组织以平台、生态系统等形式运行时，治理主体已不再局限于焦点企业，其他利益相关者，如互补企业、中介机构、政府、高校科研机构等都可以作为治理主体。焦点企业身处最核心的系统位置，可以通过数字赋能其他参与者的方式来实现数字化的领导，让更多的主体参与到生态的治理中，促进系统内的协同创新和自演化。治理主体可分为主导型和辅助型，主导型治理主体是指核心企业、数

---

① Westerman G, Tannou M, Bonnet D, et al. The digital advantage: How digital leaders outperform their peers in every industry [J]. MIT Sloan Management and Capgemini Consulting, 2012, 2: 2−23.
② 一个软件产品组合。

字技术 / 服务提供商、政府等在治理结构中处于主导地位的主体，辅助型治理主体是指互补企业、消费者、中介机构等间接参与或辅助主导型治理主体的其他参与者。

从创新网络角度出发，企业生态系统是不同主体围绕某种创新进行协同合作而形成的松散互联且相互制约的网络系统。多元创新主体的共同参与形成了多种治理机制融合的网络治理关系。因此，焦点企业要想发挥领导力作用，就需要根据治理主体异质性、治理范围跨边界、网络形态多样性、治理关系复杂性等特点，设计出新型组织形态下的治理体系。

数字生态治理模式

在明确了治理工具数字化和治理主体多元化之后，我们将从以下两种具体的数字生态治理模式来讨论数字化领导力作用的发挥。

● 生态主主导治理

平台企业型、产业联盟型、创业平台型等新型组织，呈现出以核心企业为主导的生态系统特征。以核心企业为主导的治理模式也可称为生态主主导治理模式，是指作为平台领导者的核心企业在生态系统的不同嵌套子平台中构建一系列正式与非正式的制度设计与安排来打造数字化领导力，协调企业间关系，减少参与主体的机会主义行为以及不同主体间的矛盾冲突，实现整个生态系统的共赢。生态主主导的治理模式在维持和推动平台生态系统的运营和演化时，在确保其核心领导者的地位的同时会尽可能多地吸引参与者加入生态系统。将自身的发展愿景与平台中其他参与者的发展目标有效地结合与平衡，是打造生态系统中数字化领导力的关键所在（详见案例聚焦11-6）。

案例聚焦 11-6

淘宝的生态治理模式

随着不同参与主体的加入，以往只存在买卖关系的淘宝交易平台，逐渐发展为包含多种参与群体的生态系统。为确保参与者的行为符合平台的价值主张，淘宝在其构建的平台生态系统中，通过创建数字化的中介场所和完善的基础设施，以及一系列正式与非正式的机制，打造数字领导力，赋能各参与主体更好地进行创新。例如：基于云计算等技术，开发数字化运营功能，包括促销管理、客户服务、商品管理等，助力商家进行运营模式创新；通过大数据挖掘和算法模型，助力商家进行供应链/产品创新；为第三方独立应用程序开发者提供数字开发和测试工具，应用程序只有在完成开发测试并通过安全扫描后才可上线，确保淘宝平台安全有序地运营。

资料来源：魏江，刘洋，等.数字创新[M].北京：机械工业出版社，2021.

● **多主体联合治理**

多主体联合治理模式中，核心企业作为整个生态系统的规划者，在生态系统中通常扮演赋能者的角色，而非统治者的角色（详见案例聚焦11-7）。通过设计创新的基础架构，为其他参与主体提供技术支持，确保在此架构上创造互补性产品或服务，以提高整个生态系统的创新效率。在生态主主导的治理模式中，核心企业多采用控制机制作为主要的治理措施。而在多主体联合治理模式中，核心企业更多地采用协调机制及激励机制，打造柔性的领导力，使各参与者有足够的决策空间，提升参与者的创新意愿，进一步促进平台生态系统的产出及价值创造。

案例聚焦 11-7

钉钉的生态治理模式

作为数字化、智能化治理的有效载体，钉钉上有超过 1500 万家的企业组织通过其实现数字化。新冠肺炎疫情期间，蒙牛通过"智能脖环＋数字供应链＋专属钉钉"构建了包含牛、员工、消费者、供应商、经销商等在内的数字化生态系统，任何一个参与者都可以通过钉钉获取相应的信息和资源，实现自我驱动。基于钉钉为其搭建的数字化平台架构，蒙牛保证了生产销售的正常运转，实现了业务流程和运营的数字化，抗住了疫情的冲击。除了在线化和数字化，个性化和定制化是钉钉的另外两个法宝。每一个企业组织、每一个用户都可以通过钉钉定制属于自己的专属服务，即专属设计、专属存储、专属安全服务和专属 App。这种个性化的服务极大地激发了每一个参与者的创新能力，在实现参与者自我驱动的同时也加速了生态系统的创新。借助于技术平台架构，钉钉构筑起全新的数字化领导力，在帮助企业实现数字化的同时，有效激发组织和个体的创新力，推动平台生态系统的持续发展。

资料来源：砍柴网 . 阿里钉钉张斯成：从管理到治理，中国公司的数字化升级之路 [EB/OL].（2019-05-16）[2020-12-15].https://baijiahao.baidu.com/s?id =1633682668662271854&wfr=spider&for=pc；周丹 . 钉钉用户数超 3 亿，1500 万企业组织全面开启数字新基建 [EB/OL].（2020-05-17）[2020-11-15].https://baijiahao.baidu.com/s?id=1666953949416477204&wfr=spider&for=pc.